챗GPT
주식투자
사용설명서

**실전·실습·실무에서 바로 써먹는
금융 프롬프트 67**

 **추천사**

산업혁명, 인터넷 혁명, 스마트폰 혁명을 거쳐 또 하나의 거대한 물결, AI혁명이 몰려오고 있다. 거부할 수 없는 이 변화가 우리 사회 모든 영역에 침투하고 있으며 투자의 세계도 마찬가지다. AI에 투자해야 돈을 벌 수 있고, AI를 활용하면 남들보다 우위에 설 수 있다.

『챗GPT 주식투자 사용설명서』는 이러한 작업을 도전적으로 정리한 결과물이다. 'AI에 투자하기'에 대한 논의는 많지만 그에 대한 방법론은 많지 않다. 이 책이 투자의 미로에서 길을 잃은 독자에게 새롭고 선명한 길을 제시할 것이다.

- 예민수
現 머니투데이방송 앵커/투자학교 원장 · 前 홍익대학교 경영학부 겸임교수

대학에서 투자론 과목을 강의하면서 교육과정으로 모의주식투자를 진행할 때 어디서부터 시작해야 할지 막막해하는 학생들을 많이 접한다. 이런 경우 추천할 책이 딱히 없었는데, 투자입문서로 권할

실무교재가 출간되어 기쁘다. 투자분석에 필수적인 내용에 인공지능 활용까지 접목되어, 투자에 관심 있는 학생이나 자녀를 둔 부모님들이 함께 읽어도 좋은 필독서다.

- 정은호
  現 서울시립대학교 경영대학 겸임교수 · 前 고려대학교 경영대학 겸임교수

생성형 AI의 거대한 물결은 투자판에도 새로운 규칙을 요구하고 있다. 이 책은 그 변화의 최전선에서 'AI를 도구로 쓰는 투자자와 그렇지 않은 사람' 사이의 격차를 명쾌하게 보여줍니다.

『챗GPT 주식투자 사용설명서』는 단순한 기능적 설명을 넘어, 프롬프트 설계-데이터 해석-리스크 관리라는 3단계를 통해 투자의 모든 의사결정 과정을 체계화한다. 또한 투자 심리와 AI 알고리즘이 만나는 지점까지 세심하게 조명한다. 손실 회복률·켈리 공식·거시지표 해석 등 복잡한 개념을 챗GPT 프롬프트로 집약하여 보여주는 과정은 '인간의 통찰'과 'AI의 계산'이 조화될 때 얼마나 강력한 시너지가 발휘되는지를 설득력 있게 증명한다.

- 김한성
  現 굿프롬프트 대표 · 前 한국은행 차세대시스템개발단 단장

저자들은 척박한 AI주식투자분야를 국내 최초로 개척해 나가고 있는 선구자라고 볼 수 있다. 이 책은 급변하는 주식투자 환경에서 객관적인 자료를 바탕으로 AI 분석을 통한 투자가이드를 제시한다.

이제 AI를 활용하지 않는 주식투자는 불가능하지 않을까? 또한 제대로 활용하지 못한다면 그 결과는 오히려 더 참담할 것이다. 이 책은 제대로 된 AI 자료 생성과 그 자료에 대한 철저한 검증과정을 통해 우리 투자자에게도 외국인이나 기관 못지 않은 좋은 투자무기를 제공한다.

- 이지환
現 아이에셋 대표 · 前 삼프로TV 글로벌시황 분석

주식투자를 어렵고 차가운 숫자로만 아는 독자에게 이 책은 따뜻한 안내서가 되어줄 것이다. 복잡한 시장에서 내 길을 찾는 힘은 '질문하는 능력'에서 시작된다. 『챗GPT 주식투자 사용설명서』는 누구나 실전에서 써볼 수 있는 AI 투자 전략이 친절하게 담긴 책이다. 경제를 쉽고 재미있게 전하는 역할을 하는 사람으로서 꼭 권하고 싶은 한 권이다.

- 도지은
경제 전문 앵커 · <경제읽어주는 도아나> 유튜브 운영자

프롤로그

이 책이 투자자 여러분의 판단을 더욱 현명하게 하고, 결과적으로 더 나은 수익을 실현하는 데 도움이 되기를 바랍니다.

이 책은 사실 손글씨 한 줄 쓰지 않고 시작됐습니다. 신문사에 연재하기 위한 칼럼의 목차를 기획하던 중, 챗GPT와 대화를 나누며 "AI에 친화적인 칼럼 목차를 구성하고, 독자들이 쉽게 이해하고 실제로 활용할 수 있도록 하라"는 질문을 던졌습니다. 그에 대한 챗GPT의 응답이 이 책을 쓰는 계기가 되었습니다. 책의 핵심 내용을 거의 완성된 형태로 제시해 준 챗GPT의 응답 내용을 바탕으로 실전 사례를 수집하고 감수하며, 독자들의 이해를 돕기 위해 필요한 전문 용어 설명을 덧붙이는 작업만을 거쳤습니다.

더 놀라운 점도 있었습니다. 책의 감수 과정과 실전 사례용 프롬프트를 정리하면서, 시의적절한 투자 인사이트는 물론 유망한 투자종목까지 발굴할 수 있었다는 사실입니다. 이제는 책과 펜으로만 배우는 시대가 아니라, 챗GPT에게 얼마나 좋은 질문을 던지느냐에 따라 학습의 깊이와 퀄리티가 달라지는 시대에 접어들었습니다. PC와 챗GPT, 그리고 정교한 입력 프롬프트가 진정한 공부의 도구가 된 것입니다.

저희 회사 이에스플랫잇은 인공지능(AI)을 활용한 주식투자 솔루션 '아임차트'와 경제·금융 통계 분석 및 리포팅 플랫폼 'AI-DataMap'을 운영하고 있습니다. 즉, 인공지능과는 뗄 수 없는 기업입니다. 이 책은 인공지능을 한발 앞서 활용하고 개발해 온 저희의 노하우를 바탕으로, 주식시장에서 실질적인 수익으로 연결할 수 있는 방법을 고민한 결과물입니다.

챗GPT와 같은 인공지능은 학교나 현장에서 쉽게 배울 수 없었던 금융투자 핵심 지식을 채워주는 훌륭한 길잡이가 될 수 있습니다. 더불어 한 걸음 더 나아가고 싶은 분이라면, 이 책에서 배운 내용을 바탕으로 자신만의 프롬프트를 직접 만들어 보는 것도 충분히 가능합니다. 이 책을 끝까지 따라오셨다면, 그 도전은 결코 어렵지 않을 것이며, 시도만으로도 가치 있는 경험이 될 것입니다.

웹 검색, 이미지 생성, 코드 해석, 데이터 분석 등 인공지능의 기능들이 처음에는 낯설 수 있습니다. 하지만 여러분이 지닌 경험과 전문지식(도메인 노하우)을 바탕으로 새로운 방식의 프롬프트를 하나씩 시도해보면, 점차 나만의 인공지능을 실전에 활용하는 단계까지 도달할 수 있을 것입니다.

혹시 챗GPT나 인공지능 활용이 아직 어렵게 느껴지신다면, 저희 회사의 '아임차트' 솔루션과 'AI-DataMap'을 시작점으로 삼아보시기를 권합니다. 그다음부터는 창조의 힘과 개척의 정신으로 새로운 가능성을 넓혀가는 일이 남아 있습니다. 그것은 오롯이 독자 여러분의 몫이며, 누구도 대신해줄 수 없습니다.

여러분의 도전을 진심으로 응원하며, 여러분의 투자에 언제나 좋은 일이 함께하길 기원합니다.

2025년 7월
황인환(황Q), 허반석 드림

이 책의 활용법

GPT와 함께하는 스마트한 주식투자 여정

이 책은 생성형 AI 시대, 주식 투자자가 GPT를 활용하여 어떻게 투자 효율성과 통찰력을 극대화할 수 있는지를 안내하는 실전 지침서입니다. 단순히 읽는 데 그치지 않고, 직접 활용하며 성장하는 실전형 참고서가 되기를 바랍니다.

> **1단계: '프롬프트 탐색'부터 시작하세요**
>
> - 목차를 펼치면, 투자 분석·종목 검토·시장 인식에 도움이 되는 실전형 프롬프트가 수록되어 있습니다.
> - 각 프롬프트는 투자자의 실제 의사결정 흐름에 따라 구성되어 있기 때문에 필요에 따라 빠르게 골라 쓸 수 있습니다.
>
> ▶ **추천 사용법**
>
> 책갈피를 붙이거나 자신만의 색인표를 만들어 프롬프트를 주제별로 정리해보세요.
>
> (예 종목 분석용/산업 비교용/포트폴리오 점검용 등)

2단계: 'GPT 실전 사례'로 답변 활용법 이해하기

- 이 책에는 GPT가 실제로 응답한 다양한 사례가 수록되어 있습니다.
- GPT의 응답을 살펴보면, 프롬프트의 문장 구성이나 목적 설정에 따라 답변의 깊이와 방향이 어떻게 달라지는지를 체감할 수 있습니다.

▶ 추천 사용법

프롬프트를 다양하게 수정해보며 GPT의 응답 변화를 실험해보세요.

동일한 주제를 '다른 표현'의 프롬프트로 묻는 훈련을 하면, 투자 아이디어가 다양해지고 답변의 깊이도 향상됩니다.

3단계: '챗GPT 투자 언어' 익히기

- 이 책에는 초보 투자자나 입문자를 위한 투자 용어 해설집도 함께 포함되어 있습니다.

- 생소하거나 오해하기 쉬운 용어들을 친절하게 풀어낸 미니 백과 형식으로, 이미 알고 있다고 생각한 용어도 다시 한번 곱씹어 볼 수 있습니다.
- 막상 물어보면 쉽게 설명되지 않던 개념들도 정리되어 있어, 투자 관련 프롬프트 생성을 위한 기반을 탄탄히 할 수 있습니다.

▶ **추천 사용법**

자주 사용하는 용어를 미리 정리해두고, GPT와의 대화에서 반복적으로 활용해보세요.

'사용하는 용어가 어떤 맥락에서 쓰이는지'를 GPT에 되묻는 것도 좋은 학습 방법입니다.

4단계: 실제 투자에 적용해보기

- 특정 종목 분석, 산업 비교, 리스크 판단 등 투자의 실제 상황에서 책에 수록된 프롬프트를 적용해보세요.
- 다음은 예시 활용 시나리오입니다.

목 적	조건 예시
종목 선택	"향후 3년간 성장 가능성이 높은 국내 반도체 중소형주를 알려줘."
포트폴리오 점검	"내 현재 포트폴리오가 경제환경 변화에 얼마나 민감한지 분석해줘."
기업 분석	"삼성전자의 재무제표 상 3년 추세를 요약해줘. 특히 부채비율 중심으로."
시장흐름 파악	"최근 미국 연준의 금리 정책이 한국 주식시장에 어떤 영향을 줄까?"

- 이러한 프롬프트를 실제로 GPT에게 입력하면, 답변을 바로 받는 구조이므로 실시간 피드백을 통한 학습 및 활용이 가능합니다.

5단계: '프롬프트 튜닝' 능력 키우기

- 동일한 질문이라도 프롬프트의 구체성과 방향성에 따라 GPT의 답변이 크게 달라집니다.
- 책에 수록된 다양한 프롬프트 예시를 참고하여, 스스로의 투자 프롬프트를 더 정밀하게 다듬어보세요.
  - 나쁜 프롬프트: "이 회사 주식 사도 될까?"

- 좋은 프롬프트: "이 회사의 최근 3년간 ROE 추이를 기반으로 투자 매력도를 판단해줘."

'이 책은 함께 써 내려가는 주식투자 기록지'입니다.

이 책을 단순히 '읽는 책'으로만 두지 마시고, GPT와 투자 관련 대화를 하며 기록하고 성장하는 도구로 활용해보세요.
실제 프롬프트를 투자에 적용하고, GPT의 피드백을 자신의 기록으로 남긴다면, 투자 역량이 체계적으로 강화될 것입니다.
책 한 권이 GPT라는 거대한 도구의 '사용설명서'가 되는 순간, 당신은 더 이상 혼자 투자하는 개인이 아닙니다.

차례

추천사 002
프롤로그 005
이 책의 활용법 008

GPT Investing 01 챗GPT가 투자에 어떤 도움을 줄 수 있나요? 017
GPT Investing 02 프롬프트만 잘 작성해도 정보력이 달라진다 020
GPT Investing 03 MTS/HTS 콘텐츠도 요약해주는 비서가 생겼다 023
GPT Investing 04 뉴스를 읽어주는 친구 만들기 026
GPT Investing 05 주식 초보도 고수처럼 질문할 수 있다 029
GPT Investing 06 증권사 리포트 요약하기 032
GPT Investing 07 각종 테마주 기사, 진짜 정보는 어디에? 035
GPT Investing 08 기술적 분석 차트를 어떻게 설명하면 좋을까? 038
GPT Investing 09 시황 뉴스, 투자 정보, 오해 없이 요약 받는 법 042
GPT Investing 10 오전장 흐름을 GPT가 말해준다면? 046
GPT Investing 11 종목 토론방 정보, GPT로 정리할 수 있을까? 049
GPT Investing 12 이 종목, 위험한가요? GPT의 리스크 평가법 053
GPT Investing 13 테마별 ETF 요약 정리 프롬프트 056
GPT Investing 14 GPT에게 재무제표 한 줄 요약 요청하기 059
GPT Investing 15 승률과 손익비로 셈하는 투자 비중 063
GPT Investing 16 분기실적 발표 날, 이 회사 요약해줘! 067

GPT Investing 17	배당 발표 날, GPT 활용 팁!	070
GPT Investing 18	금리 인상 뉴스, 시장 영향 정리 요청하기	074
GPT Investing 19	한 줄 주석만 보고, 재무 이슈 파악하는 법	078
GPT Investing 20	한 문장으로 주가 하락 원인 물어보기	082
GPT Investing 21	조건을 입력하면 종목 리스트를 뽑아주는 프롬프트	086
GPT Investing 22	PER이 낮고 실적이 성장한 종목 찾기!	090
GPT Investing 23	이동평균선 돌파 종목만 뽑아줘!	094
GPT Investing 24	장 초반 급등주 정리해달라고 하기!	098
GPT Investing 25	주간 상승률 TOP 10 종목 사유 정리!	102
GPT Investing 26	GPT를 나만의 매매일지 도우미로 활용하는 법!	106
GPT Investing 27	이 뉴스에 수혜 받을 종목 알려줘!	109
GPT Investing 28	이 가격 흐름, 매수 타이밍일까?	113
GPT Investing 29	실적 서프라이즈 종목 요약 요청하기!	116
GPT Investing 30	애널리스트 목표주가 변경, GPT로 요약하기!	120
GPT Investing 31	좋은 이야기 말고, 리스크만 알려줘!	124
GPT Investing 32	과도한 기대? 시장의 착각을 짚어달라고 요청하기!	128
GPT Investing 33	경쟁사 대비 강점만 요약해줘!	132
GPT Investing 34	이 종목, 어떤 투자자에게 어울릴까?	136
GPT Investing 35	뉴스 요약+관련주+투자 포인트까지 한번에!	140

GPT Investing 36	내 포트폴리오 요약 평가해줘!	143
GPT Investing 37	테마 속 종목들, 투자 스타일로 분류해줘!	147
GPT Investing 38	주봉 차트를 기반으로 GPT에게 물어보기!	151
GPT Investing 39	GPT가 말해주는 손절가 설정법!	155
GPT Investing 40	트렌드 변화의 시점을 찾아주는 요청법!	159
GPT Investing 41	워런 버핏의 발언을 투자 판단에 활용해보기!	163
GPT Investing 42	GPT에게 대가의 투자법을 요청하기!	167
GPT Investing 43	뉴스 5개를 비교해 투자 인사이트 도출하기!	171
GPT Investing 44	GPT에게 악재/호재 구분 시켜보기!	175
GPT Investing 45	내 투자성향을 반영한 분석 요청하기!	179
GPT Investing 46	실적 발표 후 주가 반응을 GPT로 해석하기!	183
GPT Investing 47	ETF 비교 정리, GPT가 도와줍니다!	187
GPT Investing 48	금리·물가·환율…거시지표와 주가의 연결고리!	191
GPT Investing 49	이벤트 전 선반영 여부와 대응 전략 물어보기!	195
GPT Investing 50	내 실패 사례를 GPT에게 털어놓고 분석받기!	199
GPT Investing 51	기업 뉴스와 실적 발표를 연결해서 질문하기!	203
GPT Investing 52	이 종목 사도 될까요? 라고 물어보지 말자!	207
GPT Investing 53	보유 종목 뉴스만 요약해주는 프롬프트!	211
GPT Investing 54	내 포트폴리오를 GPT에게 설명해보기!	215

GPT Investing 55	지금 사면 몇 퍼센트 올라야 본전일까?	219
GPT Investing 56	오해를 줄이는 프롬프트 문장 구성법!	222
GPT Investing 57	투자일기 분석 도와달라고 요청하기!	226
GPT Investing 58	잘못된 결과의 원인을 프롬프트로 추적하기!	230
GPT Investing 59	내가 원하는 답만 듣지 않도록 설계하는 법!	234
GPT Investing 60	GPT로 투자 전략을 요약하는 법!	238
GPT Investing 61	가치 vs 성장 vs 트렌드 전략별 프롬프트!	242
GPT Investing 62	GPT 투자 생활 템플릿 3종 공개!	246
GPT Investing 63	초보자용 vs 중급자용 프롬프트의 차이!	250
GPT Investing 64	GPT와 나의 투자 결과 비교해보기!	254
GPT Investing 65	GPT의 한계와 오류 줄이기 팁!	258
GPT Investing 66	나만의 투자 GPT, 어떻게 키워볼까?	262
GPT Investing 67	수익률 계산, 언제 사고 팔아야 할지 알려줘!	266

에필로그 270

용어 해설 273

GPT Investing 01

챗GPT가 투자에
어떤 도움을 줄 수 있나요?

정보의 홍수에서 길을 찾아주는 AI 어드바이져

🎯 주제 도입

HTS(홈트레이딩시스템)를 켜면 뉴스, 리포트, 재무제표,

공시, 종목 토론방까지 투자 정보가 쏟아집니다.

투자자 입장에서는 **"대체 뭘 먼저 봐야 하나?"** 라는 고민이

쌓입니다.

그럴 때 GPT는 정보를 '읽어주고', '요약해주고',

'비교해주고', '정리해주는' **투자 도우미**가 되어줍니다.

💬 GPT에게 이렇게 묻자

      "오늘 삼성전자 관련 뉴스 5개를 요약해서 알려줘.

      핵심만 투자자 입장에서 중요한 내용 중심으로 정리해줘."

이 요청 하나만으로 '중복 기사 제거', '핵심 키워드 강조',

'긍정/부정 여부'까지 간결하게 정리된 뉴스 요약을 받을 수 있습니다.

💚 투자자의 팁

질문은 구체적일수록 좋습니다. "요약해 줘" 대신에 다음과 같이 말하면 GPT는 훨씬 실전적인 답을 줍니다.

> "투자 포인트 중심으로 알려줘"
>
> "긍정 뉴스만 모아서 정리해줘"

범위(기간, 종목)와 형식(분량, 요약 방식)을 함께 제시하면 정확도가 더 높아집니다.

📣 에피소드

한 투자자의 아내는 **남편보다 뉴스를 더 빠르게 요약해보고, 더 빠르게 매수했습니다**.

왜냐고요?

GPT에게 투자 정보를 요약시켰기 때문이죠!

남편이 뉴스를 보는 20분 동안 GPT는 아내에게 20초만에 3줄 투자 정보를 제공했습니다.

결론

GPT는 더 이상 신기한 장난감이 아닙니다.

정보의 바다에서 '필터링'과 '요약'이 가능한 개인 투자 비서가 될 수 있습니다.

프롬프트만 잘 짜면, GPT는 당신의 투자 정보 어드바이져가 되어줄 수 있습니다.

좋은 질문이 좋은 답을 만든다.

프롬프트만 잘 작성해도
정보력이 달라진다

질문을 잘하는 자, 수익을 얻으리니

 **주제 도입**

뉴스는 많고, 종목도 많은데… 뭘 어떻게 질문해야 할지 막막하시죠?

요즘은 '프롬프트'만 잘 써도, 정보 탐색의 절반은 성공입니다.

GPT는 질문하는 방법에 따라 3줄로 정리해주기도 하고, 핵심을 콕 집어 설명하기도 합니다.

그러니 이제는 **'정보를 찾는 법'**보다 **'질문하는 법'**을 배워야 할 때입니다.

💬 GPT에게 이렇게 묻자

"오늘 오전장 급등주 중

실적 호조로 오른 종목 3개를 알려주고,

각 종목의 급등 사유를 2줄 이내로 요약해줘."

이 프롬프트는 **시간 조건**(오늘 오전장), **기준**(급등주),

이유 필터(실적 호조), **출력 형식**(3개 종목+2줄 요약)을 동시에

제시했기 때문에, GPT는 훨씬 더 실전적인 정보를 제공합니다.

✅ 투자자의 팁

프롬프트는 '대상+조건+출력 방식' 순으로 구성하면 좋습니다.

"NAVER 관련 기사 중 지난 3일간의 호재 뉴스만 요약해줘."

"요약을 표 형식으로 정리해줘."

이런 식으로 **구체적인 범위와 방식**을 함께 제시하세요.

"어떤 종목이 좋아?"보다는

"PER이 낮고 ROE가 높은 종목 3개를 알려줘."

같은 방식이 훨씬 명확하고 유용합니다.

📢 에피소드

한 투자자는 GPT에게 "요즘 어떤 주식이 좋아?"라고 물었다가, GPT에게 이런 답변을 들었습니다.

"저는 투자 조언을 드릴 수 없습니다.

하지만 종목 분석은 도와드릴 수 있어요."

그 뒤로 그는 항상 다음 같은 방식으로 바꿔 질문합니다.

"OOOO 종목의 최근 실적, 기술적 흐름,

리스크를 요약해줘."

GPT가 투자 고수처럼 정리해주기 때문이죠.

📃 결론

GPT는 '무엇을' 묻느냐보다 **'어떻게' 묻느냐가 중요합니다.**
프롬프트만 잘 짜면, 전문가만 보던 정보를 당신도 한눈에 파악할 수 있어요.

질문력은 곧 투자력입니다.

MTS/HTS 콘텐츠도 요약해주는 비서가 생겼다

리포트 5장을 한 문단으로 요약해주는 친구

 주제 도입

증권사 리포트, 너무 많고 너무 길죠?

좋은 정보는 담겨 있지만, 읽는 데 시간이 오래 걸리거나

핵심이 무엇인지 몰라 그냥 닫아버리는 일이 많습니다.

이제는 GPT에게 이렇게 말해보세요.

"이 리포트 내용을 3줄로 요약해줘."

"투자자 입장에서 핵심만 정리해줘."

이제 증권사 리포트를 통째로 '읽어주는' 친구가

생긴 셈이죠.

💬 GPT에게 이렇게 묻자

"이 리포트 내용을 투자자 입장에서 3줄로 요약해줘."

"핵심 투자 포인트와 리스크 요인 중심으로 정리해줘."

이 프롬프트는 다음을 포함합니다.

입력 콘텐츠(리포트 원문 또는 링크), **요약 방식**(3줄 요약),

관점(투자자 입장), **핵심 항목**(투자 포인트, 리스크) 등.

이처럼 **구체적이고 구조화된 요청**을 하면 GPT는 단순 요약을

넘어서 '**의미 있는 정보**'로 정리해줍니다.

🎯 투자자의 팁

요약 요청 시에는 반드시 **기준을 제시**하세요.

"경쟁사 대비 강점 중심으로 요약해줘"

"전년동기 실적 비교 내용만 추려줘"

"이 보고서에서 시장 전망에 대한 부분만 알려줘"

길게 말하지 않아도 됩니다.

'**핵심만 3줄로**' 이것만으로도 충분합니다.

📢 에피소드

리포트를 읽느라 매번 밤을 새우던 한 투자자에게 아내가 묻습니다.

"왜 이렇게 늦게 자?"

"리포트 읽느라…"

"GPT한테 요약시키면 3줄인데, 뭐 하러 밤을 새?"

그날 이후, 그는 GPT의 요약을 먼저 보고 전체를 읽을지 말지를 판단하게 되었습니다.

📋 결론

읽기 귀찮은 자료는 GPT가 대신 읽어줍니다.

프롬프트만 잘 짜면, 정보는 줄고 통찰은 커집니다.

리포트, 공시, 뉴스, 차트 분석…

GPT는 당신의 MTS/HTS 콘텐츠 요약 비서가

될 수 있습니다.

GPT Investing 04

뉴스를 읽어주는
친구 만들기

뉴스가 너무 많을 땐, GPT가 정리해줘요

🎯 주제 도입

하루에도 수십 건씩 쏟아지는 증시 뉴스. '비슷한 기사 제목',

'복사 붙여넣기 한 듯한 보도 내용', '서로 다른 매체인데

결국 같은 말' 혼란스럽기만 하죠.

이럴 때 GPT는 **중복된 뉴스는 걸러주고,**

핵심만 정리해주는 도우미가 됩니다.

💬 GPT에게 이렇게 묻자

"오늘 삼성전자 관련 뉴스 10개를 읽고,

중복 내용을 제거하고 핵심 키워드 중심으로

3줄로 요약해줘.

긍정/부정/중립 여부도 함께 알려줘."

이 요청은 다음을 포함합니다.

뉴스 수(10개), **정리 기준**(중복 제거 + 핵심 요약), **형식**(3줄 요약),

감성 분석(긍정/부정/중립 여부 분류) 등.

GPT는 이 구조에 따라 **정제된 '투자용 뉴스 브리핑'**을

만들어 줍니다.

💚 투자자의 팁

'중복 제거'는 꼭 명시하세요.

GPT는 내용이 비슷하더라도 따로 처리할 수 있으므로, 중복 필터

조건을 주면 훨씬 깔끔한 정리를 해줍니다.

감성(긍정/부정) 분류는 '이 뉴스는 투자자에게 긍정적일까?'라는

판단력을 키우는 데 도움이 됩니다.

뉴스가 많을수록→요약 길이는 짧게!

뉴스가 적을수록→설명은 더 자세히!

📢 에피소드

매일 30개의 뉴스를 스크랩하던 한 직장인 투자자는

GPT에게 요약을 맡긴 후 '뉴스 보는 시간'이

아침 커피 한 잔 시간으로 줄었습니다.

심지어 요약이 더 정갈해서 보고서 발표 때도 이 정리를

그대로 썼다고 하네요.

📋 결론

뉴스는 '많이 보는 것'보다

'잘 정리해서 이해하는 것'이 중요합니다.

GPT는 중복 제거, 키워드 요약, 감성 분류

세 가지를 한 번에 처리할 수 있습니다.

뉴스 브리핑의 친구,

GPT와 매일 아침 대화를 시작해보세요.

 GPT Investing 05

주식 초보도 고수처럼 질문할 수 있다

"이 종목 어때요?"는 이제 그만

 주제 도입

처음 GPT를 사용하는 분들이 가장 많이 하는 질문은 이것입니다.

"이 종목 사도 될까요?"

"요즘 뭐 사야 해요?"

"OO 종목 어때요?"

하지만 이 질문은

GPT가 가장 답하기 어려워하는 질문입니다.

왜냐고요? GPT는 투자 자문이 아니라 정보 정리에 특화된 도구이기 때문이죠.

그래서 초보도 고수처럼 묻는 **정보 중심형 질문 방식**이 필요합니다.

💬 GPT에게 이렇게 묻자

"삼성전자의 최근 2년 실적 흐름과

현재 주가의 기술적 위치, 리스크 요인을 간단히 요약해줘."

이 프롬프트는 **기업 실적 흐름, 기술적 분석, 투자 리스크**

세 가지 정보를 요청하면서도 판단을 요구하진 않습니다.

즉, **'정보를 모아줘, 판단은 내가 할게'**라는 고수의 방식이죠.

✅ 투자자의 팁

"어때요?", "좋나요?" → 판단 요구(X)

"무엇을 알려줘", "요약해줘" → 정보 요청(O)

GPT는 판단이 아니라 정보 요약, 정리, 비교, 해석에 강하다는 점을

꼭 기억하세요.

다음은 초보의 질문을 고수의 질문으로 바꾼 예시입니다.

초보 질문	고수 질문
이 종목 어때요?	최근 실적과 기술적 흐름을 요약해줘.
사도 될까요?	지금 주가가 과거 평균 대비 어떤 위치인지 알려줘.
뉴스 요약해줘.	핵심 키워드 기준으로 3줄 요약해줘.

📢 에피소드

한 초보 투자자는 GPT에게 매일 "OO 종목 어때요?"라고 물었지만 GPT는 늘 같은 답을 했습니다.

"투자 판단은 사용자의 몫입니다."

하지만 질문을 다음과 같이 바꾸자.

"이 종목의 ROE, PER, 실적 추이를 알려줘."

GPT는 고급 애널리스트처럼 정리된 분석을 쏟아내기 시작했죠.

📃 결론

GPT는 '정보 요약가'이지 '판단의 신'이 아닙니다.
질문을 바꾸면 정보의 질이 바뀌고, 정보의 질이 바뀌면 당신의 투자 판단도 바뀝니다.

초보도 고수처럼 묻는 방법, 이제 당신 차례입니다.

증권사 리포트
요약하기

한눈에 투자 포인트만 보고 싶을 땐?

좋은 종목을 찾기 위해 증권사 리포트를 보는 건

필수입니다.

하지만 5~10페이지 분량을 모두 읽기엔 너무 바쁘고,

핵심만 골라내기엔 너무 복잡하죠.

이럴 때, GPT에게 리포트 원문 또는 요약 텍스트를 주고

다음과 같이 요청을 하면

"투자 포인트 중심으로 요약해줘"

딱 필요한 정보만 깔끔하게 정리됩니다.

💬 GPT에게 이렇게 묻자

"이 리포트에서 투자 포인트와 리스크 요인을 중심으로

3줄 이내로 요약해줘.

투자자 입장에서 이해하기 쉽게 부탁해."

이렇게 요청하면, GPT는 리포트 속 핵심 내용을

투자포인트, 리스크, 요약 결론 형태로

간결하게 정리해줍니다.

✅ 투자자의 팁

리포트를 전체 붙이지 않아도 됩니다!

주요 문단이나 표 부분만 복사해서 넣어도 GPT는 충분히 요약

가능합니다. 요청할 때 다음과 같은 형식을 사용해보세요.

"이 보고서의 핵심 내용은 뭐야?

경쟁사 대비 강점 중심으로 알려줘."

'목표주가와 근거', '실적 추정치 변화', '전망과 리스크' 등 항목별로

나누어 요청하면 더 정교한 분석이 가능합니다.

📢 에피소드

한 직장인 투자자는 출근길 지하철에서 매일 리포트를 GPT에게 요약시켜 **출근 전에 투자 판단을 끝냅니다.**

그는 말하죠.

"이젠 종이 리포트 안 봅니다. GPT가 다 정리해주니까요."

📑 결론

GPT는 리포트를 대신 읽어주는 **투자 포인트 추출기** 입니다.

프롬프트만 잘 설계하면, 읽기 지치는 리포트도 3줄로 요약한 전략으로 재탄생합니다.

투자 정보가 많은 시대일수록,

'요약의 기술'이 수익을 좌우합니다.

각종 테마주 기사, 진짜 정보는 어디에?

테마는 많은데, 근거 있는 뉴스만 보고 싶을 땐?

 주제 도입

요즘 가장 자주 등장하는 단어가 바로 **'테마주'**입니다.

AI 테마주, 수소차 테마주, 수혜주, 정책주, 모멘텀주 등.

그런데 문제는 **기사마다 말하는 테마 종목이 다르고**

정작 왜 테마로 분류됐는지 설명이 부족하다는 것!

이럴 때 GPT에게 이렇게 물어보면

"이 뉴스에서 말하는 테마가 진짜 근거가 있는지 판단해줘."

뉴스 안에 숨어 있는 **정보의 신뢰성과 논리성**까지 점검할 수 있습니다.

 GPT에게 이렇게 묻자

> "이 AI 관련 테마주 기사에서 언급된 종목들과
> 그 이유를 요약해줘.
> 근거가 부족하거나 연관성이 낮은 종목도 구분해서 알려줘."

이렇게 요청을 하면 GPT는 기사에 나온 종목을 정리하고
해당 종목이 왜 테마에 포함됐는지 사유를 요약해서
연관성이 약한 종목은 따로 구분하여 보여줍니다.
즉, **테마주 기사의 팩트체크**까지 가능한 거죠.

투자자의 팁

기사 원문을 통째로 붙이지 않아도,
주요 문단 또는 종목 리스트만 줘도 GPT는 판단할 수 있습니다.
다음과 같은 질문도 활용해보세요.

> "이 기사에서 언급된 AI 관련 테마주는
> 어떤 기준으로 분류된 것 같아?"

> "언급된 종목 중 실제 AI 사업을 하는 기업은 어디야?"

'**테마 선정 기준을 역으로 GPT에게 설명 요청**' 하는 것도
매우 효과적입니다.

📢 에피소드

한 투자자는 GPT에게 테마주 기사를 넘겨주고 다음과 같이 물었습니다.

"이 중 진짜 AI 회사만 알려줘."

GPT는 정확히 세 종목만 골라주며,

나머지는 다음과 같이 설명했죠.

"기술적 연관성은 없고, 단기 이슈로만 연결된 듯합니다."

덕분에 그는 **단기 수급 테마에 휘둘리지 않고,**

실적 있는 진짜 기업만 골라낼 수 있었습니다.

📑 결론

테마주는 때론 기대감이고, 때론 착각입니다.

GPT는 그 차이를 구분해주는 **팩트 필터**입니다.

테마주 기사, 그냥 믿지 마세요. GPT에게 물어보세요.

"진짜 AI 기업은 누구야?"

"정말 수혜가 있는 건 맞아?"

이제 투자자는 질문할 수 있어야 합니다.

GPT Investing 08

기술적 분석 차트를 어떻게 설명하면 좋을까?

캔들? 이동평균선? GPT에게 해석을 시켜보자

🎯 주제 도입

HTS나 MTS에서 차트를 보면 빨간봉/파란봉,

5일선/20일선/60일선, 캔들패턴, 볼린저밴드 등.

'도대체 뭘 보고 뭘 판단해야 하나?' 싶죠.

GPT는 **차트를 직접 보여주지 않아도**

차트 데이터나 가격 흐름만 주면

텍스트 기반으로 차트 흐름을 요약해줄 수 있습니다.

'말로 설명해주는 기술적 분석'인 셈이죠.

💬 GPT에게 이렇게 묻자

"이 종목의 최근 10일간 종가 흐름을 기준으로

이동평균선 정렬과 추세 방향을 설명해줘.

MACD와 RSI도 간단히 같이 요약해줘."

혹은 이렇게도 물어도 됩니다.

"삼성전자 주가가 5일선 위에 있고,

20일선과 60일선을 상향 돌파했습니다.

이건 어떤 추세로 해석할 수 있을까요?"

GPT는 **이동평균선의 정렬**(단기>중기>장기), **지표 위치**(RSI 70 이상이면 과열), **MACD 골든크로스 여부** 등.
기술적 분석의 핵심 개념을 **쉽고 직관적으로 설명**해줍니다.

💚 투자자의 팁

GPT는 **차트를 직접 보지 못합니다.**
대신 숫자 데이터를 요약해주면 캔들 흐름, 돌파 여부,
지지/저항 인식 등 **언어화된 분석**을 제공할 수 있습니다.
예시로 이렇게 입력해도 됩니다.

"OO종목이 3일 연속 음봉이고

종가가 5일선 아래, 20일선 근처입니다.

수급이 외국인 매도로 바뀌었어요.

이 흐름을 기술적으로 해석해줘."

차트를 캡처하여 텍스트로 해석하거나, 캔들 패턴 명칭(역망치, 상승장악형 등)을 직접 물어보는 것도 좋습니다.

📢 에피소드

"차트는 눈으로 봐야지!"라던 한 투자자.

하지만 GPT에게 이렇게 묻자.

"현재 가격이 5일선 아래, 거래량은 감소 추세입니다.

이게 어떤 흐름인가요?"

GPT는 다음과 같이 답했습니다.

"단기 조정 국면일 수 있습니다.

하지만 20일선에서 지지 확인 시

재반등 가능성도 있습니다."

그는 말합니다.

"차트를 말로 풀어주니, 오히려 더 명확해졌습니다."

📄 결론

기술적 분석은 그림을 넘어서 **언어로도 판단할 수 있는 영역**입니다.

GPT는 차트를 대신 보지는 않지만,

차트를 '말로 해석해' 주는 기술적 분석 파트너가

될 수 있습니다.

숫자와 흐름을 정리해서 말해보세요.

GPT는 그것을 해석해줍니다.

시황 뉴스, 투자 정보, 오해 없이 요약 받는 법

금리? 고용? CPI? 뉴스가 시장에 미치는 영향은?

 **주제 도입**

시황 뉴스는 넘쳐나지만, 정작 투자자 입장에서는 이런 고민이 생깁니다.

"금리 인상이 주가엔 어떤 영향이지?"
"고용지표가 좋아졌다고 다 좋은 건가?"
"CPI 하락이 무조건 호재일까?"

이처럼 경제 뉴스는 **배경지식 없이 보면 오해하기 쉬운 정보들**입니다.
GPT는 이런 뉴스들을 **투자 관점에서 정리하고 해석**해주는 데 탁월한 능력을 보입니다.

💬 GPT에게 이렇게 묻자

> "최근 미국의 고용지표 발표가 있었는데,
> 해당 지표가 시장에 미친 영향을
> S&P500 기준으로 정리해줘.
> 과거 유사 사례와 비교도 포함해서."

또는 이렇게도 쓸 수 있어요.

> "이번 FOMC 발표에서 금리를 동결했는데,
> 과거 금리 동결 시기와 비교해 시장 반응을 간단히 요약해줘."

GPT는 뉴스의 **주요 내용** 요약, **시장에 미치는 영향**
(주가지수/섹터 기준), **과거 유사 상황 비교** 등을 포함해
정리해줄 수 있습니다.

✅ 투자자의 팁

시황 뉴스는 '어떤 지표'가 '어떻게 변화했는지'를 중심으로
물어보세요.

> "미국의 CPI가 전월 대비 0.3% 상승했는데,
> 그게 어떤 의미인지 알려줘."

'지표 자체'보다 '시장 반응'과 '이전에 비슷한 상황'을 같이 요청하면 GPT의 분석이 더 날카로워집니다.

> "투자자 입장에서 정리해줘"

프롬프트에 위와 같은 질문을 추가하면 응답이 더 실용적으로 바뀝니다.

📢 에피소드

한 투자자는 GPT에게 다음과 같이 물었습니다.

> "CPI 상승이 왜 나스닥에 악재로 작용했는지 알려줘."

GPT는 이렇게 답했습니다.

> "CPI 상승은 인플레이션 압력을 의미하며,
> 이는 금리 인상 가능성으로 이어져
> 기술주 중심의 나스닥에 부담으로 작용합니다."

그는 말합니다.

"뉴스 제목만 보고는 몰랐던 이유를 GPT가 깔끔하게 설명해줬어요."

결론

경제 뉴스는 맥락 없이 보면 단순 정보지만, GPT는 그것을 **맥락 있는 해석+시장 반응 요약**으로 바꿔줍니다.

뉴스는 많지만, 투자자 입장에서 요약된 뉴스는 적다.
GPT는 그 빈자리를 채워줍니다.

GPT Investing 10

오전장 흐름을
GPT가 말해준다면?

9시부터 10시까지, 단타족을 위한 속보 요약

 주제 도입

"오늘 뭐가 움직였지?"

"오전장 주도주는 뭘까?"

"이건 테마일까, 수급일까?"

매일 오전 9시부터 10시 사이, 시장은 단기 트레이더들에게 중요한 시그널을 쏟아냅니다.

하지만 뉴스, 체결 강도, 거래대금, 이슈 기사까지
너무 많은 정보 속에서 핵심만 정리하는 건 쉽지 않죠.
이럴 때 챗GPT는 '거래 대금 순위+급등주+테마 정리'를 한번에 요약해줍니다.

💬 GPT에게 이렇게 묻자

"오늘 오전 9시~10시 사이 코스피/코스닥 시장에서

급등한 종목 상위 5개와

그 급등 사유를 거래대금과 뉴스 기준으로 정리해줘."

또는 조금 더 구체적으로 물어도 됩니다.

"오전장 거래대금 상위 종목 중 20% 이상 상승한 종목이 있다면

수급(외인/기관) 및 뉴스 이슈 중심으로 설명해줘."

GPT는 **시간 조건**(오전 9~10시), **종목 범위**(급등 or 거래대금 기준),

정보 근거(수급, 뉴스, 테마) 등을 조합하여

트레이딩 관점의 **'속보 요약 리포트'**를 작성해줍니다.

✅ 투자자의 팁

'오전장'이라는 시간 조건은 반드시 포함하세요.

"오늘 오전장 기준"

"장 시작 후 1시간 동안"

수급 정보와 뉴스 키워드를 병행하면, GPT가 보다 입체적인

요약을 해줍니다.

"9시 30분 기준 거래대금 1위 종목과

전일 대비 상승률을 함께 알려줘.

급등 사유는 뉴스 기준으로 요약해줘."

📢 에피소드

한 데이 트레이더는 GPT에게 다음과 같이 요청한 뒤,

"오전 9시 45분까지 급등한 종목의 이유를 요약해줘."

그 결과만 보고 1분 안에 매매 결정을 내렸습니다.

"거래대금+테마+뉴스 조합은 GPT가 저보다

더 빠르더군요."

📋 결론

오전장은 '속도와 정리'의 싸움입니다.

GPT는 빠르고 정확한 요약으로

단타 투자자에게 정보 정리의 총사령부가 되어줍니다.

이제는 뉴스를 수집하는 것이 아니라,

정리하고 해석하는 능력이 승부를 가릅니다.

GPT Investing 11

종목 토론방 정보,
GPT로 정리할 수 있을까?

잡음을 걷어내고, 핵심 의견만 보고 싶다면?

 주제 도입

많은 개인투자자들이 증권사 MTS나 포털에서 종목토론방을 확인합니다.

"확실합니다. 내일 상한가 갑니다!"

"이 종목은 망합니다. 탈출하세요."

"외인 매집 중이라는 소문 있음."

하지만 그곳엔 위와 같은 **확증편향과 소문, 감정, 유행어**가 넘쳐나죠.

GPT는 이런 정보 속에서 **긍정/부정 논리**, **반복되는 주장**, **감성 표현**을 구분해 **토론방 핵심 정리본**을 만들어줄 수 있습니다.

💬 GPT에게 이렇게 묻자

> "삼성전자 종목토론방의 최근 게시글에서
> 반복적으로 등장하는
> 주장과 근거를 긍정/부정으로 나눠 정리해줘.
> 중립적 요약도 함께 알려줘."

또는 이렇게도 묻습니다.

> "최근 24시간 동안 올라온 LG에너지솔루션 토론방
> 게시글 중 가장 많이 언급된 키워드 5개를 뽑아줘.
> 그리고 그 키워드별 감성 분석 결과도 알려줘."

GPT는 **긍정/부정 논리 정리**, **반복 키워드 추출**,
감정/주장의 근거 판단 등을 통해
혼란스러운 대화 속에서 핵심만 추출해줍니다.

✅ 투자자의 팁

토론방 글을 직접 복사해 붙여넣기 하거나, 주요 댓글만 모아서
제공하면 GPT가 훨씬 정확하게 정리해줍니다.
다음과 같이 요청하면 더 정밀한 정리가 가능합니다.

"비이성적인 발언은 제외하고, 논리적 주장만 정리해줘."

"감성표현과 수치 기반 주장을 구분해서 보여줘."

중복 표현 필터링, 욕설/비속어 제거도 함께 요청할 수 있습니다.

📢 에피소드

한 투자자는 종목 토론방에서 혼란을 느껴 GPT에게 주요 댓글 30개를 복사해 넘기고 이렇게 물었습니다.

"여기서 유의미한 정보만 추려서 요약해줘."

GPT의 답변은 다음과 같았습니다.

긍정 주장: "고객사 수요 회복 기대감 / 기관 매수 유입"

부정 주장: "실적 전망 하향 / 신사업 지연 우려"

그는 말합니다.

"사람 말은 혼란스러웠지만, GPT가 핵심만 정리해주니 냉정해지더군요."

결론

종목 토론방은 정보의 '정글'입니다.

GPT는 그 안에서 **잡음을 걸러주고,**

핵심을 요약하는 디지털 필터가 될 수 있습니다.

의견이 많은 곳에서 진짜 인사이트를 뽑아내는 방법은

GPT에게 정리시켜보는 것입니다.

이 종목, 위험한가요?
GPT의 리스크 평가법

좋은 이야기만 넘쳐날 때, GPT에게 리스크 요인을 물어보세요

 주제 도입

종목 리포트를 보면 항상 좋은 이야기뿐입니다.

"해외 매출 증가 예상"

"수급 개선"

"신사업 기대감"

그런데 정작 중요한 건, 리포트에 숨겨진 리스크 부분입니다.

"리스크 요인은 뭔데?"

"실패 가능성은 없어?"

GPT는 투자자 관점에서 **숨어 있는 리스크 요인**을 정리하고, 때로는 **당신이 놓친 위험 신호**를 대신 짚어줄 수도 있습니다.

💬 GPT에게 이렇게 묻자

> "이 종목의 최근 뉴스, 재무 정보, 업황 등을 고려해
> 단기 및 중장기 리스크 요인을 나눠서 요약해줘.
> 투자자 입장에서 유의할 점 위주로 알려줘."

또는 이렇게도 가능합니다.

> "LG에너지솔루션에 대한 최근 증권사 리포트 중
> 리스크 항목만 모아 요약해줘.
> 시장 변수, 원자재 가격, 수요 둔화 중심으로."

GPT는 **뉴스 기반 리스크**, **재무상 위험 요인**, **시장 변수**,
정책/규제 리스크 등을 나누어
투자자 입장에서 요약해줍니다.

✅ 투자자의 팁

"긍정 요인만 말해줘"보다 "위험 요인 위주로 정리해줘"라고
요청하면 더 유용합니다.
리포트나 뉴스 원문 없이도, GPT에게 종목명만 제시하고 "최근
시장에서 우려되는 포인트"를 요약하라고 해도 작동합니다.

"삼성전자에 대해 외국인이 매도세인데,

수급 측면에서의 리스크 요인을 요약해줘."

📢 에피소드

한 투자자는 GPT에게 "이 종목 괜찮을까?"라는 막연한

질문을 했다가 GPT가 딱 잘라 말하더랍니다.

"최근 수익성 악화와 고금리 영향에 따라

단기 조정 리스크가 존재합니다."

그 후, 그는 GPT에게 항상 이렇게 묻습니다.

"이 종목의 리스크부터 말해줘."

📋 결론

GPT는 칭찬만 하는 인공지능이 아닙니다.

당신이 원한다면,

차갑고 냉정한 리스크 요약 전문가가 됩니다.

"무엇이 좋을까?"보다 "무엇이 나쁠 수 있을까?"를

먼저 묻는 투자자.

GPT는 그런 투자자의 편입니다.

GPT Investing 13

테마별 ETF 요약 정리
프롬프트

AI, 2차전지, 반도체 ETF…. 뭐가 다른거지?

🎯 주제 도입

ETF를 고르려다 보면, 이런 고민에 부딪히죠.

"비슷해 보이는데 뭐가 달라?"

"전기차 ETF가 너무 많은데, 구성 종목이 겹치는 건가?"

"AI 관련 ETF 중엔 어느 것이 수익률이 좋았지?"

이럴 때 GPT에게 ETF 이름만 주고 **성과**, **구성**, **차이점**,

리스크 요약을 요청하면 매우 직관적인 비교가 가능합니다.

💬 GPT에게 이렇게 묻자

"TIGER AI반도체, KODEX 2차전지, KBSTAR iSelect AI ETF의

최근 3개월 수익률, 상위 5개 구성 종목,

테마 노출 방식의 차이점을 요약해서 비교해줘."

또는 이렇게도 활용해보세요.

> "AI 관련 ETF 3종의 특징을
> ①수익률, ②구성 종목, ③리스크 요인 측면에서 표로 비교해줘."

GPT는 **ETF별 핵심 요약**, **구성 종목**(비중 기준), **최근 수익률/성과**, **테마 노출 방식 차이**, **리스크 요인**을 한눈에 비교할 수 있도록 정리해줍니다.

✅ 투자자의 팁

ETF 상품명은 정확히 입력해야 GPT 인식률이 높아집니다.
(예 TIGER AI반도체 vs AI ETF → 정확한 명칭 우선)
표 형식으로 요청하면 비교하기 좋게 더 뛰어난 정리본을 받을 수 있습니다.

> "전기차 ETF 3개를
> 구성 종목/비중/성과 기준으로 표로 비교해줘."

리스크 요인은 중복 투자, 섹터 쏠림, 운용 보수 등으로 나누어 요청할 수 있어요.

📢 에피소드

한 투자자는 GPT에게 다음과 같이 요청했더니

"반도체 ETF 2개를 비교해줘."

GPT는 'A ETF는 반도체 장비 중심', 'B ETF는 글로벌 종합 반도체 기업 중심'이라고 구분하고, 수익률 차이와 구성 종목을 **표로 정리**해줬습니다.

그는 말합니다.

"GPT 덕분에 ETF 설명서를 읽지 않아도 됐습니다."

📋 결론

ETF 비교는 시간도 오래 걸리고, 설명서도 어렵습니다.
GPT는 **테마 ETF 분석 전문가**처럼 요약/비교/정리까지 대신해줍니다.

한 줄 비교가 아닌 구성, 방향, 수익률까지

진짜 투자자 눈높이에 맞는 요약.

GPT에게 요청해보세요.

GPT에게 재무제표 한 줄 요약 요청하기

숫자 말고 요점만! 재무제표도 요약된다

 주제 도입

재무제표를 보면 머리가 아픈 분들 많죠?

"매출은 늘었는데 영업이익은 왜 줄었지?"

"부채비율은 낮은 게 좋은 건가?"

"이 숫자, 도대체 뭐가 중요한 건데?"

GPT는 이런 수치를 '**문장으로 요약해서 해석해주는 능력**'이 탁월합니다.

"이 회사의 재무 상태를 한 줄로 요약해줘."

GPT에게 위와 같이 요청하면,

다음과 같은 **투자자 친화형 설명**을 제공합니다.

> "건실한 재무구조를 유지하고 있으며,
>
> 영업이익은 둔화 중입니다."

💬 GPT에게 이렇게 묻자

> "삼성전자의 2023년 4분기 재무제표 요약 데이터를 기준으로 ①수익성, ②안정성, ③성장성을 각각 한 문장으로 요약해줘."

또는 이렇게도 가능합니다.

> "LG에너지솔루션의 최근 분기 재무제표를 투자자 입장에서 핵심만 한 줄로 정리해줘. 재무 건전성, 수익성, 매출 성장 위주로."

✅ 투자자의 팁

GPT는 재무 데이터를 직접 보진 못하므로 요약 숫자 (예 매출/영업이익/ROE/부채비율)를 함께 넣어주면 더 정확해집니다.

"매출 10조, 영업이익 1조, 당기순이익 0.7조,

ROE 8%, 부채비율 60%

이 데이터를 보고 기업을 한 줄로 설명해줘."

"긍정적/부정적 해석도 함께 알려줘"라고 덧붙이면 감성도 반영됩니다.

📢 에피소드

한 사용자는 GPT에게 그냥 숫자만 쭉 나열한 뒤, 다음과 같이 요청했습니다.

"이게 좋은 기업인지 한 문장으로 설명해줘."

GPT는 이렇게 답했습니다.

"매출은 안정적이지만 수익성이 하락 중이며,

부채비율은 안정적 수준입니다.

성장성에는 물음표가 붙습니다."

그는 말합니다.

"사람보다 더 냉정한 평가였어요. 그리고 정확했습니다."

결론

GPT는 숫자를 문장으로 바꿔주는 **해석형 분석기**입니다.

재무제표=숫자 나열이 아니라,

투자 해석 문장으로 전환되는 순간,

이해력도 판단력도 올라갑니다.

GPT에게 묻고, 한 문장으로 이해하세요.

재무제표도 쉬워집니다.

승률과 손익비로 셈하는 투자 비중

몇 퍼센트를 베팅해야 적정할까?

 주제 도입

투자를 잘 한다는 건, 좋은 종목을 고르는 것도 중요하지만

'얼마나 사야 하느냐?'

즉, **포지션 크기(비중)** 결정이 더 중요할 수 있습니다.

승률은 60%인데, 손익비는 1:2라면

전체 자금 중 몇 퍼센트를 투자해야

손실을 최소화하고 수익을 극대화할 수 있을까?

GPT는 승률, 손익비(리스크/보상 비율), 총자산 등을

입력하면 **적절한 투자 비중을 계산하거나, 리스크 대비**

기대수익률을 추정해줍니다.

💬 GPT에게 이렇게 묻자

> "내 승률이 55%이고 손익비는 1:1.5입니다.
> 한 번의 손실 위험은 5% 이내로 제한하고 싶습니다.
> 이 경우 전체 자산 중 몇 %를 한 거래에 배팅해야
> 적절할까요?"

또는 이렇게도 활용할 수 있습니다.

> "총 투자금 1억 원 중에서 손실 가능성을 2% 이내로 제한하고
> 손익비 1:2, 승률 60% 전략을 쓸 경우
> 매매당 금액과 손절가 비중을 계산해줘."

GPT는 켈리 공식(Kelly Formula) 또는 리스크 조정 모델을
기반으로 적정 매매 비중, 기대수익률, 손절 기준을 계산해줍니다.

✅ 투자자의 팁

손익비(RR), 승률(W), 손절 한도(%)는 세 가지 키워드로
GPT에 알려주면 됩니다.

> "승률 55%, 손익비 1:1.5일 때
> 켈리 기준으로 적정 투자 비중을 계산해줘."

승률은 경험/기록 기반, 손익비는 전략 기반 수치로 입력하는 것이 이상적입니다.

📢 에피소드

한 트레이더는 매번 전체 자산의 20%씩 베팅했다가 손절 3번에 연속 손실을 입었습니다.

GPT에게 질문을 바꿔서 다음과 같이 묻자

"이 전략대로라면 몇 %가 적당할까?"

GPT는 다음과 계산해줬습니다.

"최대 6~7% 내외로 제한해야
누적 손실을 방어할 수 있습니다."

그 뒤로는 포지션 조절로 회복에 성공했습니다.

📋 결론

투자에서 중요한 건 **언제 사느냐**보다 **얼마나 사느냐**입니다.
GPT는 단순 추천이 아닌 **수치 기반의 비중 계산 도우미**가 됩니다.

당신의 전략에 맞춘 합리적인 투자금 배분,

GPT와 함께 설계해보세요.

GPT Investing

분기실적 발표 날,
이 회사 요약해줘!

컨센서스 vs. 실적 발표, GPT가 3줄로 요약해줍니다

 주제 도입

분기실적 시즌이면 뉴스, 공시, 리포트가 한꺼번에

쏟아집니다. 하지만 바쁜 투자자는 이렇게 생각하죠.

"컨센서스보다 잘 나왔는지,

영업이익이 어떻게 됐는지만 알고 싶다!"

이럴 때 GPT에게

실적 공시+증권사 평가 요약+컨센서스 비교를 요청하면

'매우 간결한 3줄 투자 요약'을 받아볼 수 있습니다.

💬 GPT에게 이렇게 묻자

"삼성전자의 2025년 1분기 실적 발표 내용을

①컨센서스 대비 결과, ②전년 동기/전분기 대비 변화,

③주요 포인트 중심으로 3줄로 요약해줘."

또는 이렇게도 활용할 수 있어요.

"SK하이닉스 실적 발표 결과가 시장 기대 대비
어떤 반응을 이끌었는지, 요약 뉴스와 함께
투자자 입장에서 정리해줘."

GPT는 다음 항목을 조합해 줍니다.

**매출/영업이익/순이익 변화, 전년 동기 대비 및 전분기 비교,
컨센서스 대비 초과 및 미달, 향후 전망 및 투자 포인트 요약** 등.

✅ 투자자의 팁

컨센서스와 실적 발표 수치를 직접 제공하면 정확도가 상승합니다.

"매출 10조(컨센 9.5조), 영업이익 1.2조(컨센 1.1조).
이 데이터를 보고 실적 발표를 요약해줘."

"전망 코멘트 요약해줘" 또는 "시장 반응이 긍정/부정인지
알려줘"를 추가하면 뉴스 및 기관의 반응도 정리해줍니다.

📢 에피소드

한 투자자는 실적 발표 날마다 뉴스 5개, 공시 1개, 리포트 2개를 '정리만 하다가' 매매 타이밍을 놓쳤습니다.

하지만 GPT에게 아래와 같이 질문하면서 바뀌었습니다.

"이 실적 결과, 투자자 입장에서 볼 때 핵심은 뭔가요?"

GPT는 30초 만에 이렇게 답했죠.

"컨센 대비 영업이익 8% 초과."

"수출 회복으로 전년 대비 매출 증가."

"신사업 부문 비중 확대가 긍정적 평가."

📋 결론

실적 발표 날, 가장 중요한 건,

'정보 수집 속도'보다 '정보 정리 능력'입니다.

GPT는 단순히 요약하는 것이 아니라 **투자 판단에 필요한 구조로 정보를 재정리**해줍니다.

컨센 vs 실적, 그 격차를 3줄로 보고 싶다면

GPT가 답입니다.

배당 발표 날,
GPT 활용 팁!

배당 얼마나 주는데요? 배당락 전까지 어떻게 해요?

 **주제 도입**

배당 시즌이 되면 뉴스가 쏟아집니다.

"배당금 2,000원 확정"

"배당성향 35% 기록"

"배당락은 언제?"

하지만 정작 투자자 입장에선 얼마나 받는 건지, 수익률은 몇 퍼센트인지, 과거보다 나아졌는지, 배당락 이후 주가는 어떤 흐름인지 이런 것들이 훨씬 궁금하죠.

이럴 때 GPT는

한 문단 안에 모든 배당 관련 정보를 정리해줍니다.

💬 GPT에게 이렇게 묻자

"삼성전자가 올해 말 기준 보통주 1주당 2,000원을
배당한다고 발표했는데, 배당수익률과 배당성향은
어떻게 되고, 전년 대비 변화도 포함해서 요약해줘."

또는 더 자세히 요청하면

"LG화학의 최근 3개년 배당금, 배당성향, 시가 기준 수익률
추이를 표로 정리하고,
이번 발표의 의미를 요약해줘."

GPT는 다음과 같은 정보들을 정리해줍니다.

1주당 배당금, 배당수익률(시가 기준), **배당 성향, 전년 대비 증감,
배당 기준일/배당락일, 시장 반응 요약** 등.

✅ 투자자의 팁

'배당수익률 기준 주가'를 함께 알려주면 더 정확한 분석이
가능합니다.

"배당금 1,500원/현재 주가 75,000원을 기준으로 계산해줘."

'배당락 이후 주가 흐름 패턴'을 요청하면, GPT가 과거 흐름도 함께 정리해줍니다.

> "최근 5년간 SK텔레콤 배당락일 이후 10거래일 내 주가 흐름을 요약해줘."

📢 에피소드

배당 공시를 보고 "좋네!" 하고 샀던 한 투자자.

하지만 배당락일을 넘기자 주가가 하락!

GPT에게 배당락 이후 주가 흐름을 물었더니…

> "배당수익률 3.2% 대비 주가 하락률 4.1%로 단기적으로는 손실 우려가 있습니다."

그 후로 그는 반드시 GPT에게 '배당 vs 주가 반응 비교'를 먼저 요청하게 되었습니다.

📝 결론

배당 투자, 단순히 **금액만 보는 건 반쪽짜리 정보**입니다.

GPT는 **배당금+수익률+배당 성향+과거 흐름**까지 한 번에 정리해주는 **배당 분석 비서**가 되어줍니다.

'얼마나 주는가'보다 '받을 만한 배당인가'를 알고 싶다면,

GPT에게 물어보세요.

금리 인상 뉴스,
시장 영향 정리 요청하기

금리를 올리면 주식은 왜 빠지죠?

 **주제 도입**

경제 뉴스에 가장 자주 등장하는 단어, 바로 '금리'입니다.

"연준, 기준금리 0.25%p 인상"

"긴축 장기화 우려"

"자산시장 충격"

하지만 정작 투자자 입장에서는 **"그래서 이게 내 주식에 무슨 영향이 있다는 거지?"** 라는 생각이 들곤 하죠.

이럴 때 GPT에게 질문하면

뉴스 내용 요약+시장 반응+과거 사례를 기준으로

투자자 친화적인 설명을 받을 수 있습니다.

💬 GPT에게 이렇게 묻자

"미국이 기준금리를 0.25% 인상했는데,

S&P500과 나스닥에는 어떤 영향이 있었는지,

과거 사례와 함께 정리해줘."

또는 조금 더 구조화하여 요청할 수 있어요.

"기준금리 인상이 주가에 미치는 영향을

①유동성 측면, ②기업 이익 측면, ③심리적 요인 측면에서

투자자에게 설명해줘."

GPT는 다음 같이 정리해줍니다.

금리 인상 결정의 주요 내용 요약, 과거 금리 인상 시 시장의 **평균 반응**, 어떤 업종이 더 민감하게 반응하는지, **금리→채권/주식→종목에 미치는 연쇄 효과** 등.

✅ 투자자의 팁

단순히 "왜 빠졌어요?"가 아니라 "금리 발표와 시장 영향의 연결고리를 설명해줘"라는 형태로 질문하면 GPT의 응답이 더 깊어집니다.

다음과 같은 조건도 함께 주면 좋습니다.

"2022년~2024년 동안 금리 인상 시기와

S&P500 평균 등락률을 비교해서 설명해줘."

'기술주 vs. 경기민감주' 등 **섹터별 반응 차이**도 함께 요청해보세요.

📢 에피소드

한 투자자는 GPT에게 다음과 같이 물었습니다.

"연준이 금리를 동결했는데 왜 나스닥이 하락했나요?"

GPT는 이렇게 답했습니다.

"금리 동결은 단기 호재처럼 보이지만,

시장은 향후 추가 인상 가능성을 경계하면서

불확실성을 반영한 조정을 보였습니다."

그는 말했습니다.

"경제 뉴스의 제목만 보고 오해할 뻔했는데,

GPT 덕분에 맥락을 이해하게 됐어요."

📋 결론

금리 뉴스는 '정보'가 아니라 '해석'의 영역입니다.

GPT는 **경제 뉴스+자산시장 반응+과거 맥락**을 함께 정리해 투자자의 판단에 도움을 줍니다.

지표 발표는 끝났고,

이제는 시장이 그걸 어떻게 해석했는지가 중요합니다.

한 줄 주석만 보고,
재무 이슈 파악하는 법

숫자보다 무서운 것은…작은 주석 속의 진실!

 주제 도입

기업의 IR 자료나 분기보고서, 사업보고서를 보면 페이지 하단에 작은 글씨로 쓰인 '주석(footnote)'이 있습니다.

"일회성 비용 포함"

"법인세 환입 반영"

"충당부채 설정 예정"

그런데 이 주석 한 줄이 실적의 방향을 바꾸고,

투자의 판단을 흔드는 결정적 요소가 되기도 하죠.

GPT는 이 '주석 한 줄'이 재무제표에서 어떤 의미인지,

투자자 입장에서 어떤 점을 주의해야 하는지를

쉽고 명확하게 설명해줍니다.

💬 GPT에게 이렇게 묻자

"이 회사가 3분기 실적에서

'일회성 판관비 300억 반영'이라고 주석에 썼는데,

이게 전체 실적에 어떤 영향을 주는지,

영업이익 추세 판단에 주의할 점은 무엇인지 설명해줘."

또는 이렇게도 활용할 수 있습니다.

"삼성전자의 최근 실적 발표에

'일회성 이익 반영'이라는 주석이 있었는데,

그게 반복되는 수익인지, 어떻게 해석해야 하는지

투자자 입장에서 정리해줘."

GPT는 다음과 같이 정리해줍니다.

해당 주석이 **어떤 회계 항목에 영향을 미치는지, 반복성 있는 실적인지, 일회성인지** 실적 해석 시 주의할 점과

투자자 관점에서 놓치기 쉬운 리스크 요인은 무엇인지.

💚 투자자의 팁

주석은 가능한 원문 그대로 붙여주는 게 가장 좋습니다.

> "법인세환입으로 인해 순이익 증가하였으며,
> 이는 일시적 요인임"

(GPT 해석)

> "실제 영업활동 이익은 증가한 것이 아닙니다."

다음과 같은 요청도 가능합니다.

> "이 주석은 IR에서 의도적으로 긍정적으로 쓰인 것 같아.
> 투자자 입장에서 감안해야 할 리스크는 뭐야?"

이렇게 '회계적 표현'을 '투자자 언어'로 바꿔달라고 요청해도 좋습니다.

📢 에피소드

한 투자자는 '영업이익 흑자전환' 뉴스에 기뻐했지만, GPT에게 IR 주석을 넣고 묻자, 이런 답을 받았습니다.

> "해당 흑자 전환은 환차익+충당금 환입에 기인하며,
> 본업에서의 실적 개선은 확인되지 않았습니다."

그는 말합니다.

"숫자보다 무서운 게 주석이고, 그걸 읽어주는 게 GPT였어요."

📋 결론

작은 글씨, 한 줄 주석에도 큰 투자 리스크가 숨어있습니다. GPT는 그것을 **이해 가능한 언어로 번역해주는 IR 통역기**가 되어줍니다.

'읽기는 했는데, 이해는 못한 주석'이 있다면

GPT에게 설명을 요청해보세요.

의외의 리스크가 보일 수도 있습니다.

 **GPT Investing 20**

한 문장으로
주가 하락 원인 물어보기

주가가 떨어졌는데 이유를 모르겠다면?

 **주제 도입**

갑자기 주가가 급락했는데, 도대체 무슨 일이 있었는지 감이 안 올 때가 많습니다.

공시? 뉴스? 수급? 업종 악재?

이럴 때 GPT는 다음과 같은 질문 하나만으로

"오늘 하락의 주요 원인이 뭔가요?"

뉴스, 수급, 업황 데이터를 요약해서 **한 문장 요약**을 제공해줄 수 있습니다.

💬 GPT에게 이렇게 묻자

"오늘 NAVER 주가가 -4.2% 하락했는데,

하락 원인을 한 문장으로 요약해줘.

뉴스, 수급, 실적 등 가능한 정보 기반으로"

또는 이렇게도 요청해보세요.

"삼성전자 주가가 오늘 하락했는데,

뉴스 헤드라인과 수급 정보 기준으로 가장 영향이 컸던 요인을

투자자 입장에서 짧게 정리해줘."

GPT는 다음을 조합해줍니다.

하락 당일의 뉴스 흐름, 공시 및 실적 발표 여부, 외국인/기관 매도 흐름, 시장/업종 전반의 영향 등.

이 모든 요소를 종합하여 핵심만 정리해줍니다.

✅ 투자자의 팁

특정 시점(예, 4월 17일)을 명시하면 정확도가 더 높아집니다.

"가능한 요인을 정리하고, 가장 중요한 핵심 원인을 골라줘"라고 요청하면 GPT가 순위를 정리해서 알려주기도 합니다.

"하이브가 -6% 하락한 이유 중 뉴스/수급/실적 이슈를 나눠 정리하고 투자자 입장에서 가장 중요한 요인 하나를 골라 설명해줘."

📢 에피소드

한 투자자는 갑작스러운 급락에 당황해 뉴스를 10개 넘게 읽었지만 감을 못 잡았다고 합니다.
그래서 GPT에게 단 하나의 질문을 던졌죠.

"이 주가 하락의 핵심 원인은 뭔가요?"

GPT는 이렇게 답했습니다.

"기관의 대량 매도와 함께 중국 리오프닝 수요 둔화 우려가 맞물려 소비주 전반에 약세 압력을 준 것으로 보입니다."

그는 말합니다.

"뉴스가 아니라 맥락을 설명해 주는 게 필요했는데, GPT가 그걸 해줬습니다."

📃 결론

주가가 빠졌을 때, 가장 중요한 건 **정보량이 아니라 통찰**입니다.

GPT는 **시장 데이터+뉴스+수급 흐름**을 통합해서 한 줄로 요약해주는 **하락 원인 통역사**가 됩니다.

"왜 떨어졌는지 한 문장으로 말해줘"

이 한 줄의 질문이

투자 판단의 출발점이 될 수 있습니다.

조건을 입력하면 종목 리스트를 뽑아주는 프롬프트

GPT야! PER 낮고 ROE 높은 종목 알려줘!

많은 투자자들이 이런 검색을 해봤을 겁니다.

"PER 낮은 주식은 뭐지?"

"ROE 높은 주식 추천 좀…"

"실적 성장+저평가 종목?"

HTS에서 조건 검색을 하듯, GPT에게도 **간단한 숫자 조건만 주면 조건에 맞는 종목 리스트를 요약**해 줄 수 있습니다.

그리고 핵심 지표도 함께 정리해주는 게 GPT의 강점입니다.

💬 GPT에게 이렇게 묻자

"PER 10 이하이고 ROE가 10% 이상인

코스피 상장 종목 5개만 골라줘.

각 종목의 시가총액, 업종, 최근 주가 등도 함께 알려줘."

또는 이렇게 요청해도 됩니다.

"저평가된 IT 섹터 종목 중에서

최근 분기 영업이익이 증가한 종목 3개를 알려줘.

PER, PBR, 매출 증가율을 함께 표로 정리해줘."

GPT는 다음 항목을 종합해 제공합니다.

종목명/업종/시가총액 조건에 해당하는 **핵심 수치**(PER, ROE 등),

최근 실적/주가 흐름 요약과 간단한 **투자 포인트** 정리.

✅ 투자자의 팁

조건은 2~3개로 명확하게!

(예 PER 10 이하 + ROE 10% 이상 + 시총 5천억 이상)

결과는 "표로 정리해줘" 또는 "한 줄 요약 포함"이라고 요청하면

가독성이 좋아집니다.

"PER 8 이하+배당수익률 4% 이상 종목 중

금융 업종에 해당하는 기업 3개만 골라줘.

표로 정리하고 한 줄 요약도 붙여줘."

📢 에피소드

한 투자자는 HTS 조건검색을 어려워하던 중,
GPT에게 이렇게 물었습니다:

"저평가+실적 개선된 2차전지 관련 종목 알려줘."

GPT는 조건에 부합하는 종목 4개를 제시하면서

다음과 같은 해석까지 덧붙여줬습니다.

"이 종목은 PER이 낮고,

최근 분기 영업이익이 30% 증가했으며,

2차전지 밸류체인에 포함됩니다."

그는 말합니다.

"GPT는 조건검색기를 넘어서 검색+해석까지 되는

'AI 애널리스트' 같아요."

결론

조건만 잘 주면, GPT는 수천 개 종목 중에서도 당신이 원하는 후보를 빠르게 추려줍니다.

게다가 수치를 넘어 **투자 해석까지 제공해주는 게 차별점**입니다.

"PER 낮고 ROE 높은 주식 알려줘."

이 한 줄로 당신만의 종목 발굴기를 시작해보세요.

PER이 낮고
실적이 성장한 종목 찾기!

저평가이면서도 성장 중인 기업! GPT가 뽑아줍니다

 주제 도입

PER이 낮은 종목은 많은데 대부분은 '싼 이유가 있는' 종목입니다.

반대로 실적은 성장하고 있는데

이미 너무 비싼 종목도 많죠.

그래서 많은 투자자들이 찾는 게

'성장주 중에서 아직 저평가된 종목'입니다.

GPT는 이런 조건 조합도 명확하게 설정하면

조건에 맞는 유망 종목을 선별해서 정리해줍니다.

💬 GPT에게 이렇게 묻자

> "최근 2개 분기 연속 영업이익이 증가했고,
> PER이 10 이하인 코스피 상장 종목 3개를 알려줘.
> 각각의 업종, 시총, 최근 주가 흐름도 간단히 요약해줘."

또는 이렇게 요청할 수도 있어요.

> "실적은 성장 중인데 PER은 여전히 낮은 종목 중
> 배당도 주는 기업을 3개 추천해줘.
> 배당수익률, PBR도 함께 정리해줘."

GPT는 아래 항목을 포함해 응답합니다.

종목명+업종, PER, ROE, 영업이익 성장률, 시가총액 및 **최근 주가 추이, 배당 유무 및 수익률** 등 간단한 투자 매력 요약.

✅ 투자자의 팁

PER/PBR/ROE 등의 절대 수치 조건은 정확히 지정하세요.
(예 PER 10 이하, PBR 1 이하, ROE 8% 이상)
"최근 실적 증가"보다는 "최근 2개 분기 영업이익 증가" 또는 "전년 동기 대비 매출 10% 이상 증가" 등으로 구체화할수록 정확도가 높아집니다.

"PER 8 이하+전년동기 대비 매출증가율 15% 이상인 종목 중 IT 업종에 해당하는 기업을 알려줘."

📢 에피소드

한 투자자가 GPT에게 다음과 같이 요청하자.

"성장 중인데 저평가된 종목 알려줘"

GPT는 바로 3종목을 제시하며 다음과 같이 요약했습니다.

"A사는 최근 3개 분기 연속 실적 증가, PER 7.5로 동종업계 평균보다 낮고, PBR도 0.9 수준."

그는 말합니다.

"단순 숫자 검색이 아니라 성장성과 밸류에이션의 균형을 보여주는 게 놀라웠어요."

📋 결론

저평가+성장 조건을 동시에 만족하는 종목은 일반 검색으로는 찾기 어렵지만, GPT는 **조건을 해석하고, 투자 관점으로 정리해주는 능력**이 있습니다.

"성장 중인데 PER은 낮은 종목 알려줘"

이 한 줄이 숨은 보석 종목을 찾는 시작이 될 수 있습니다.

 GPT Investing 23

이동평균선 돌파 종목만 뽑아줘!

5일선 상향 돌파? 골든크로스? GPT에게 물어보세요

 **주제 도입**

단기 투자자들이 가장 많이 참고하는 보조지표로

'이동평균선(MA)'이 있습니다.

"5일선 위로 올라탔네?"

"20일선과 60일선이 골든크로스인가?"

"이평선 정배열 종목은 없을까?"

기존 HTS 조건검색기에선 찾기 어렵거나 번거로운

이평선 조건 조합도 GPT에게 설명하듯 요청하면

빠르게 조건에 맞는 종목 리스트를 추려줍니다.

💬 GPT에게 이렇게 묻자

"5일선이 20일선을 상향 돌파한 종목 중

최근 거래량이 증가한 코스닥 상장 종목 3개를 알려줘.

종목명, 업종, 최근 주가 흐름을 함께 요약해줘."

또는 이렇게 요청할 수도 있어요.

"60일선 돌파 이후 5일선, 20일선이 정배열로 유지되고 있는

IT 업종 종목 3개를 조건에 맞게 골라줘.

수급 흐름도 함께 요약해줘."

GPT는 아래 정보를 종합해 정리합니다.

종목명/업종/시총, 이동평균선 조건 충족 여부, 최근 주가 흐름과

거래량 변화, 수급 특이 사항(외국인/기관 매매),

기술적 관점 요약 등.

💚 투자자의 팁

"이평선 돌파" 조건은 **상대 비교**를 포함하세요.

(예 "5일선이 20일선 위에 있는", "이평선 정배열된")

정배열=5일선>20일선>60일선

역배열=60일선>20일선>5일선

이 구조를 GPT가 알 수 있도록 프롬프트에 포함하면 정확도가 올라갑니다.

> "현재 주가가 5일선, 20일선, 60일선 모두 위에 있는 이평선 정배열 상태의 종목을 알려줘. 기술적 해석도 함께 부탁해."

📢 에피소드

한 투자자는 HTS의 조건식 설정이 복잡해 **'이평선 돌파 종목 찾기'**를 포기했었죠.

GPT에게 단 한 문장으로 요청하자.

> "이평선 정배열 종목 중 오늘 거래량 급등한 2차전지 종목은?"

GPT는 3초 만에 리스트와 함께 다음과 같은 해석을 붙여줬습니다.

> "A종목은 3개월간 하락 후 반등, 이평선 정배열 진입과 거래량 증가가 동반됨."

그는 말합니다.

"GPT는 기술적 분석 초보자에게 최고의 비서입니다."

📋 결론

이동평균선 돌파는 단순하지만, 조건 조합은 복잡할 수 있습니다.

GPT는 **이해 가능한 문장으로 조건을 해석하고,**

기술적 조건에 맞는 종목을 실시간 요약해줍니다.

'정배열+거래량+업종 조건'

이런 멀티 필터링도 GPT에게 말로 요청하면 충분합니다.

GPT Investing

장 초반 급등주
정리해달라고 하기!

9시부터 10시 사이, 오늘 시장의 주인공은?

🎯 주제 도입

오전 9시부터 10시까지 장 초반은 시장에서 가장 뜨거운 시간대입니다.

이때 거래대금과 상승률이 폭발하는 종목들 속에서

오늘 시장의 핵심 테마와 종목을 빠르게 파악하고 싶은 게 투자자의 심리죠.

GPT는 이 시점의 데이터와 뉴스를 기반으로

급등 이유+테마 요약+수급 흐름까지 간단히 정리해줍니다.

💬 GPT에게 이렇게 묻자

"오늘 오전 10시 기준으로 코스닥에서

가장 많이 오른 종목 3개를

급등 사유, 테마, 외국인/기관 수급과 함께 요약해줘."

또는 이렇게도 활용할 수 있어요:

> "9시~10시 사이 급등한 종목 중
>
> 뉴스 이슈와 거래량이 동시에 증가한 종목 3개를 골라서
>
> 급등 이유를 2줄씩 요약해줘."

GPT는 다음과 같은 정보로 정리해줍니다.

종목명/상승률/거래대금, 뉴스 기반 급등 사유, 관련 테마 및 수급 특이점, 단기 매매 판단을 위한 핵심 요약 등.

💚 투자자의 팁

'시간 조건'은 꼭 포함하세요.

(예 오전 10시 기준, 오전장 한정 등)

"이유 중심 요약" 또는 "테마 중심 분류"를 요청하면 더욱 유용한 응답이 나옵니다.

> "9시~10시 사이 급등한 종목 중 AI, 반도체, 방산 등
>
> 주요 테마별 대표주를
>
> 각각 하나씩 골라서 요약해줘."

📢 에피소드

한 데이 트레이더는 매일 급등주를 수작업으로 정리하다가 GPT에게 이렇게 요청했습니다.

> "오늘 오전장 코스피+코스닥 통합 기준
> 급등률 상위 5종목과 급등 이유를 요약해줘."

GPT는 정확히 정리해줬죠.

> A사: "대규모 수주 공시로 인해 거래량 폭증"
> B사: "2차전지 테마주로 편입, 외인 매수세 유입"

그는 말합니다.

"이제 급등주 정리는 GPT가 하고, 나는 매매만 합니다."

📋 결론

오전장은 타이밍 싸움입니다.

누가 더 빠르게 정보 정리하느냐가 승부를 가릅니다.

GPT는 **뉴스+테마+거래량+수급**을 종합해

급등주 핵심 요약본을 제공합니다.

"10시 전, 급등주를 요약해줘"

이 한 마디가 당신의 트레이딩 전략을

완성해줄 수 있습니다.

주간 상승률 TOP 10 종목 사유 정리!

이번 주 수익왕은 왜 올랐을까?

 주제 도입

한 주가 끝날 때쯤이면 궁금하죠.

"이번 주에 가장 많이 오른 종목은?"

"무슨 이슈로 이렇게 급등한 거지?"

"비슷한 종목은 또 없을까?"

GPT는 **주간 상승률 기준 상위 종목 리스트와 급등 사유**를 뉴스, 공시, 테마 키워드를 기반으로 **간단하고 명확하게 요약**해줄 수 있습니다.

💬 GPT에게 이렇게 묻자

"이번 주(월~금) 기준으로 코스피와 코스닥 시장에서

주간 상승률 상위 5개 종목과 상승 사유를

각각 2줄 이내로 요약해줘."

또는 이런 요청도 가능합니다.

"주간 상승률 1위 종목에 대해

①상승 사유, ②관련 테마, ③수급 흐름을 요약해줘.

유사한 종목도 2개 추천해줘."

GPT는 다음과 같은 정보를 종합해줍니다.

종목명/상승률/시가총액, **주요 상승 요인**(뉴스, 실적, 수급),

관련 테마 및 유사 종목, **투자자 관점 해석** 등.

✅ 투자자의 팁

'기간 조건'은 필수입니다.

(예 이번 주, 최근 5거래일 등)

"테마 또는 섹터별 정리"를 요청하면, 트렌드를

더 쉽게 파악할 수 있습니다.

"최근 1주일간 2차전지 테마 내에서

가장 많이 오른 종목 3개를 골라

급등 이유와 수급 요약도 함께 정리해줘."

📢 에피소드

한 투자자는 매주 금요일마다 GPT에게 다음과 같이 물어봤습니다.

"이번 주 가장 많이 오른 종목이 뭐야?"

GPT의 응답은 간단했죠.

A사: "중동 수출 계약 체결 뉴스로 +23% 급등"

B사: "신규 성장사업 발표+기관 매수세 집중"

그는 말합니다.

"상승률도 중요하지만, 왜 올랐는지를 GPT에게 물어야 진짜 투자감이 됩니다."

📋 결론

'결과만 보는 투자자'가 아니라, '이유를 분석하는 투자자'가 되려면, GPT의 요약이 꼭 필요합니다.

GPT는 **주간 시장 흐름을 간단한 구조로 정리해주는 투자 브리핑 파트너**입니다.

"이번 주 누가, 왜 올랐는가?"

GPT와 함께 요약해보세요.

다음 주 전략이 달라집니다.

GPT를 나만의 매매일지
도우미로 활용하는 법!

왜 샀는지, 왜 팔았는지…GPT가 정리해줍니다

 **주제 도입**

수익이 나든 손실이 나든 "왜 샀는지", "왜 팔았는지" 기억이 안 나는 경우 많지 않으신가요?

매매일지는 중요한 투자 습관이지만, 기록하기 귀찮고 정리하기 어려워서 대부분 흐지부지되곤 합니다.

이럴 때 GPT는 **당일 매매 내역을 말로 설명만 해주면 자동으로 요약** 정리해줍니다.

 **GPT에게 이렇게 묻자**

"오늘 오전 10시경 삼성전자를 70,000원에 매수했습니다. 이유는 외국인 매수세 유입과 5일선 지지 확인이었습니다. 매수 이유를 한 줄로 요약하고, 매매일지 형태로 정리해줘."

또는 이런 활용도 가능합니다.

> "어제 카카오를 55,000원에 손절했습니다.
> 하락 추세 지속과 뉴스 이슈 때문이었어요.
> 이번 매매를 복기용 요약 문장으로 정리해줘."

GPT는 다음처럼 정리해줍니다.

매수/매도 종목, 가격, 시점, 매매 사유 요약(기술적/수급/이슈),

결과 및 복기 메모, 요약된 매매일지 항목으로 변환 등.

 **투자자의 팁**

말로만 설명해도 충분합니다.

GPT는 자연어 기반으로 기록을 정리하기 때문에 구조화된 양식 없이도 입력이 가능합니다.

아래와 같은 양식으로도 요청할 수 있어요.

> "종목: NAVER 매매일: 4월 1일, 매수단가: 193,000원,
> 매수이유: 단기 눌림목 진입, 수급 호전.
> 이 내용을 일지 형태로 정리해줘."

매일 반복해서 GPT에게 매매일지 작성을 요청하면

개인화된 매매 패턴과 실수 요인 분석도 가능해집니다.

📢 에피소드

한 투자자는 GPT에게 매수 사유를 설명하며 이렇게 요청했습니다.

"이 내용을 한 문장으로 정리하고,

내일 다시 봤을 때도 이해되게 해줘."

GPT는 이렇게 요약해줬습니다.

"수급 개선과 기술적 지지선 확인 후 진입한

단기 눌림목 매수 시도."

그는 말합니다.

"하루 지나서 봐도 왜 샀는지 알겠더라고요.

그게 진짜 매매일지죠."

📋 결론

매매일지는 '기억'이 아닌 '기록'입니다.

GPT는 복잡한 매매 내역을 **투자자 관점으로 깔끔하게 정리해주는 일지 비서**가 됩니다.

매매 사유, 결과, 복기까지 GPT에게 맡기면 정리가 끝납니다.

이 뉴스에 수혜 받을 종목 알려줘!

GPT야, 이 기사 보고 뭐 사야해?

뉴스를 보다가 이런 생각이 들죠?

"이거 호재 같은데, 어떤 종목이 수혜야?"

"이 정책 나오면 뭐가 올라?"

"GPT는 이 뉴스 보고 뭐 살까?"

이제는 뉴스 링크나 본문 일부만 주고 GPT에게 '관련 종목'과 '상승 이유'를 함께 **요약 요청**할 수 있습니다.
GPT는 **뉴스 요약+종목 제시+이유 설명**을 한 번에 정리해줍니다.

💬 GPT에게 이렇게 묻자

"정부가 수소차 충전 인프라 확대 정책을 발표했는데,

이 뉴스에서 수혜를 볼 가능성이 높은 종목 3개를 알려줘.

이유도 각각 한 줄씩 정리해줘."

또는 뉴스 본문을 직접 복붙해 이렇게 요청할 수도 있어요.

"아래 기사 내용을 보고 관련 산업과

수혜 가능성이 높은 상장 종목 3개를 추천해줘."

기사 내용: (본문 입력)

GPT는 다음과 같은 방식으로 응답합니다.

뉴스 요약(2~3줄), **핵심 키워드**(정책/산업/수혜 분야),

종목명+간단한 수혜 이유(1줄씩), **필요 시 테마 ETF나 대체 종목**도 제안 가능.

✅ 투자자의 팁

뉴스의 핵심 키워드를 직접 주면 정확도 UP.

(예 수소차, 반도체 공급망, 원전 수출, AI GPU 등)

뉴스 전체보다 '핵심 문단'만 주는 것이 응답 효율이 좋습니다.

"AI 반도체 수요 증가 기사에서 수혜 가능성이 높은

반도체 장비주 2개 알려줘.

상승 기대 포인트도 요약해줘."

📢 에피소드

한 투자자는 GPT에게 뉴스 헤드라인만 주고 이렇게 물었습니다.

"이 뉴스 보고 사야 할 종목이 뭐야?"

GPT는 답변했습니다.

종목A : "정부 전기차 예산 증가 수혜, 주요 부품 공급업체"
종목B : "신규 충전소 건설 수혜, 지자체 사업 수주 경험"

그는 말합니다.

"내가 5개 기사 읽고 정리하던 걸, GPT는 20초 만에 해주더군요."

결론

뉴스는 '정보'지만, 종목은 '해석'입니다.

GPT는 뉴스 속 키워드와 종목을 연결해

투자자 관점의 요약+종목 제안을 동시에 제공합니다.

"이 기사 보고 뭐 사야 해?"

GPT에게 물어보세요.

뉴스가 투자로 연결됩니다.

이 가격 흐름, 매수 타이밍일까?

캔들 몇 개와 지지선 정보만으로 GPT가 판단해줍니다

🎯 주제 도입

"이제 반등할까?"

"눌림목일까, 하락 초입일까?"

차트를 보며 수없이 하는 질문들입니다.

차트 이미지를 직접 보지 못하는 GPT지만, **캔들 흐름**,

이동평균선, 고점·저점 패턴 같은 **텍스트 기반 정보**만으로도

매매 타이밍을 분석해주는 데 꽤 유용합니다.

💬 GPT에게 이렇게 묻자

"이 종목이 최근 3일간 음봉이고 5일선 아래에서

횡보 중인데, 어제 저점을 이탈하지 않았고

거래량이 감소했습니다.

이 흐름은 매수 타이밍으로 볼 수 있을까?"

또는 더 구체적으로

> "삼성전자 주가가 20일선을 이탈했다가 어제 다시 회복했습니다.
> 5일선은 우상향, 거래량은 전일 대비 증가.
> 기술적으로 어떤 타이밍으로 해석할 수 있을까?"

GPT는 다음 기준으로 응답해줍니다.

기술적 흐름 요약(추세 전환 여부), **매수/보류 관점에서의 해석**,

유사한 패턴과 예시, 단기적 리스크 요인 안내 등.

🌱 투자자의 팁

캔들 개수(3일 연속 음봉, 장대양봉 출현 등), 이동평균선 위치 및
정배열 여부, 거래량 변화, 지지선/저항선 근처 여부.
이 4가지 요소를 포함해 주면 GPT 해석 정확도가 높아집니다.

> "현재 주가가 5일선 위, 20일선 아래이고
> 3일 연속 저점 상승 중입니다.
> 추세 전환 초입인지 해석해줘."

📢 에피소드

한 투자자는 GPT에게 물었습니다.

"이 흐름이면 진입해도 될까?"

GPT는 이렇게 정리했습니다.

"지지선 부근에서 저점을 지키며 거래량이 감소하는 모습은 눌림목 진입의 전형적인 패턴이며, 다만 20일선 돌파 후 지지 여부 확인이 필요합니다."

그는 말했습니다.

"내가 느끼던 불확실함을 GPT가 말로 정리해줘서 확신이 생겼습니다."

결론

GPT는 차트를 직접 보진 못하지만, **가격 흐름을 말로 설명해주면 기술적 맥락을 판단하는 조력자**가 될 수 있습니다.

"이 흐름, 매수 타이밍일까?"

혼자 고민하지 말고 GPT에게 설명해보세요.

당신의 판단이 더 정교해집니다.

GPT Investing

실적 서프라이즈 종목 요약 요청하기!

기대보다 잘 나온 종목, GPT가 이유까지 정리해줍니다

🎯 주제 도입

실적 시즌이 되면 다음과 같은 말이 넘쳐납니다.

"컨센서스 상회"

"어닝 서프라이즈"

"예상치 하회"

하지만 투자자 입장에서는 더 궁금하죠.

"정확히 얼마나 잘 나온 건지?"

"무슨 사업 부문이 실적을 끌어올렸는지?"

"지속가능한 서프라이즈인지?"

GPT는 실적 발표 요약뿐 아니라 **서프라이즈의 원인과 의미**까지 간결하게 정리해줍니다.

💬 GPT에게 이렇게 묻자

> "이번 분기 실적이 컨센서스를 상회한 종목 3개를 알려줘.
> 각각 매출/영업이익이 얼마나 초과했는지와
> 그 이유를 요약해서 설명해줘."

또는 더 구체적으로 물어도 됩니다.

> "삼성전자의 1분기 실적이 예상보다 좋았다고 하는데
> ①컨센 대비 초과폭, ②어떤 부문이 실적 견인했는지,
> ③향후 지속 가능성까지 요약해줘."

GPT는 다음 정보를 정리해줍니다.

실적 수치(매출, 영업이익, 순이익 등), **컨센서스 대비 초과 비율**,

호실적의 원인(사업 부문, 환율, 단가),

향후 전망 및 주가 반응 요약 등.

✅ 투자자의 팁

숫자와 비교 기반 요약을 원할 땐, '컨센서스 대비'라는
표현이 중요합니다.
다음과 같은 조건을 붙이면, GPT가 더욱 실용적인 해석을
제공해줍니다.

"이 실적 서프라이즈가 단기 반등에 그칠지,

추세적인 모멘텀이 될 수 있을지 알려줘."

업종별로 요청하면 트렌드 파악에도 효과적입니다.

"이번 실적 시즌에서 2차전지 업종 중

컨센 상회 종목과 특징 요약해줘."

📢 에피소드

한 투자자가 GPT에게 다음과 같이 묻자.

"어떤 종목이 실적 잘 나왔는지 알려줘."

GPT는 이렇게 정리해줬습니다.

종목A: "매출 1.2조(+18%), 영업이익 컨센 상회(+24%).

북미 수출 확대로 실적 개선."

종목B: "반도체 단가 회복이 주요 요인.

전년 대비 영업이익 2배 증가."

그는 말했습니다.

"뉴스 5개를 요약한 것보다, GPT 3줄이 훨씬

실용적이더군요."

📋 결론

실적 시즌에는 '누가 잘했는가'보다 '왜 잘했는가'를 아는 것이 중요합니다.

GPT는 **숫자 요약+배경 설명+전망 해석**까지 투자자 중심으로 정리해주는 **실적 분석 비서**입니다.

실적 서프라이즈 종목과 그 이유를

GPT에게 3줄로 요청해보세요.

애널리스트 목표주가 변경, GPT로 요약하기!

목표가 올랐다고 무조건 좋은 걸까?

 주제 도입

증권사 리포트를 보면 자주 등장하는 표현이 있습니다.

"목표주가 상향 조정"

"투자의견 BUY 유지"

"PER 기준 12개월 Forward 적용"

하지만 투자자는 궁금하죠.

"목표주가가 얼마나 올랐는지?"

"어떤 이유로 상향된 건지?"

"지금 주가랑 비교해서 괴리는 얼마나 되는지?"

GPT는 이런 리포트를

숫자와 논리를 중심으로 간결하게 요약해줍니다.

또한 투자자 입장에서 **현실적인 해석**도 덧붙여줍니다.

💬 GPT에게 이렇게 묻자

> "오늘 발표된 삼성전자 리포트에서 목표주가가
> 85,000원에서 92,000원으로 상향됐다고 하는데,
> 그 이유와 현재 주가 대비 괴리율,
> 투자자 관점에서의 판단 포인트를 요약해줘."

또는 이렇게도 요청할 수 있어요.

> "최근 1주일간 목표주가가 상향 조정된 종목 3개를 골라
> ①기존 vs 변경 목표가, ②상향 이유, ③현재 주가와의 괴리율을
> 표로 정리해줘."

GPT는 다음과 같은 정보를 제공합니다.

종목명/기존 목표가/변경 목표가, 주가 괴리율 계산(현재가 기준), **상향 조정 사유**(실적, 수급, 시장 기대 등), **투자 판단에 참고할 핵심 논리 요약** 등.

✅ 투자자의 팁

'괴리율(%)' 계산을 요청하면 실제 주가와의 간극을 이해하는 데 도움이 됩니다.

프롬프트에 아래 조건을 함께 넣어보세요.

> "지금 주가가 목표주가보다 높은 경우엔 왜 그런지도 설명해줘."
>
> "이 리포트에서 보수적인 해석이 필요한 부분도 알려줘"

GPT가 '단기 이슈', '추정치 낙관성' 등 리스크까지 짚어줍니다.

📢 에피소드

한 투자자는 리포트 제목만 보고 "목표가 상향=무조건 호재"라고 생각했지만, GPT에게 이유를 요약해달라고 요청하자 이런 분석이 나왔습니다.

> "목표주가 상향은 있었지만,
> 이는 외부 요인(환율 변화)에 따른
> 이익 추정치 일시 반영이며,
> 본업 경쟁력 개선은 명확히 드러나지 않았습니다."

그는 말합니다.

"리포트의 진짜 내용을 읽어주는 건 GPT였습니다."

📋 결론

목표주가가 올랐다고 무조건 좋은 건 아닙니다.

왜 올랐는지, 지금 주가랑 차이는 얼마인지, 투자 판단에 어떤 의미인지를 아는 것이 중요하죠.

GPT는 **목표가 변경 내역을 숫자 중심+해석 중심으로 동시에 요약해주는 최고의 리포트 요약가**입니다.

"목표가가 올랐다는데, 이유와 의미를 요약해줘."

이 한 줄로 투자 판단이 훨씬 단단해집니다.

좋은 이야기 말고, 리스크만 알려줘!

수익은 내가 판단할게, GPT야 리스크만 짚어줘

 **주제 도입**

대부분의 리포트나 뉴스는 좋은 이야기 위주입니다.

하지만 정작 중요한 건 **'뭐가 문제일 수 있는가?'**입니다.

"실적은 좋은데, 앞으로도 지속될까?"

"신사업은 화려한데, 원가 부담은 없을까?"

"외국인은 왜 파는 걸까?"

GPT는 긍정적인 요소는 배제하고, **투자자 관점에서 리스크만 따로 추려주는 기능**에 탁월합니다.

💬 GPT에게 이렇게 묻자

"이 종목에 대해 나온 최신 리포트를 읽었어.

좋은 이야기 말고, 투자자 입장에서 주의해야 할

리스크 요소만 요약해줘."

또는 좀 더 구체적으로 물어도 됩니다.

"삼성전자의 최근 1분기 실적 발표 관련해서

실적 호조에도 불구하고 향후 리스크로 지목된 요인을 정리해줘.

수요 둔화, 환율, 경쟁사 동향 등 중심으로."

GPT는 아래 항목을 중심으로 정리해줍니다.

재무 리스크(이익률 감소, 부채 증가), **산업 리스크**(수요 위축, 경쟁 심화), **외부 변수**(환율, 규제, 정책), **수급 불안**, **변동성 확대**, **일회성 이슈** 등.

✅ 투자자의 팁

"좋은 얘기 빼고 알려줘" 또는 "투자자 입장에서 우려되는 점만 요약해줘"와 같은 **부정적 필터 프롬프트**가 매우 유용합니다. 리포트 전문이 없더라도, 주요 문단 몇 개만 복사해 GPT에게 넘기면 그 안에서 리스크 요인만 추출해줍니다.

"이 뉴스에서 우려되는 점만 투자자 입장에서 정리해줘.

긍정적 내용은 제외하고, 불확실성 중심으로 알려줘."

📢 에피소드

한 투자자는 GPT에게 이렇게 물었습니다.

"이 종목의 리스크만 정리해줘. 좋은 얘긴 됐어."

GPT는 이렇게 답했습니다.

"반도체 업황 개선 기대감이 반영됐지만, 실제 수요 회복은 확인되지 않았으며 재고 부담이 여전합니다."

"환율 효과에 따른 일시적 이익 증가가 포함돼 추세적 회복으로 보기엔 무리가 있습니다."

그는 말합니다.

"GPT는 친구처럼 위로해주진 않지만, 투자 판단에선 그런 냉정함이 더 필요합니다."

📋 결론

GPT는 당신이 듣고 싶은 말 대신,

알아야 할 위험을 먼저 말해줄 수 있는 파트너입니다.

"좋은 얘기 말고, 리스크만 알려줘."

이 프롬프트 하나로 정보의 밸런스가 바뀝니다.

 GPT Investing 32

과도한 기대? 시장의 착각을 짚어달라고 요청하기!

진짜 반등인지, 착시인지 GPT가 분석해줍니다

 주제 도입

주가가 오를 때도, 뉴스가 좋을 때도 항상 이렇게 의심해야 할 때가 있습니다.

"이거 진짜 호재일까?"

"기대감만 반영된 건 아닐까?"

"일시적 반등인가, 추세 전환인가?"

GPT는 이 흐름의 **착시 가능성 및 기대와 현실의 간극을** 투자자 관점에서 논리적으로 분석해줄 수 있습니다.

💬 GPT에게 이렇게 묻자

"삼성전자의 최근 주가 반등이 실적 개선 기대감 때문이라고 하는데, 이게 과도한 기대인지 아니면 실질적 근거가 있는 흐름인지 시장 반응과 데이터를 기준으로 판단해줘."

또는 뉴스 중심으로 요청할 수도 있습니다.

"이 기사에서 말하는 호재가 실제 수익성에 얼마나 영향을 줄 수 있는지를 냉정하게 따져줘. 시장 기대가 과도하지는 않은지도 분석해줘."

GPT는 다음 내용을 기준으로 분석합니다.
뉴스/이슈의 **사실과 해석 구분**, 실적, 수급, 경쟁사 이슈와의 **온도차**, **일시적 vs 구조적 변화** 여부, 투자자 시각에서의 **과대평가 가능성** 등.

✅ 투자자의 팁

GPT는 **'합리적 의심'**을 잘 다룹니다.
프롬프트에 "냉정하게 봐줘", "시장 착각은 없을까?" 같은 단어를 넣으면 분석이 더 정교해집니다.

"이 뉴스가 주가에 미치는 영향을

단기·중기 관점에서 따로 분석해줘.

기대가 앞선 건지, 실적이 뒷받침되는 건지 구분해줘."

📢 에피소드

한 투자자는 GPT에게 다음과 같이 요청했습니다.

"이 종목이 오른 이유, 진짜 맞는지 검증해줘."

GPT는 이렇게 답했습니다.

"현재 주가 반등은 신사업 기대감에 기반했지만,

관련 매출 기여도는 아직 미미하며

경쟁사 대비 기술적 우위도 불명확합니다.

기대가 다소 선반영됐을 가능성이 있습니다."

그는 말합니다.

"좋은 뉴스보다 '좋은지 아닌지를 판단해주는 분석'이 훨씬 중요하더군요."

📋 결론

GPT는 단순 요약기가 아닙니다.

시장 해석의 오류, 투자자 심리의 착각까지 분석하는

투자 심리 분석 보조 엔진이 될 수 있습니다.

착시일 수도 있는 흐름,

GPT에게 검증받아보세요.

경쟁사 대비
강점만 요약해줘!

같은 산업이라도 GPT는 차이를 만들어줍니다

 **주제 도입**

종목을 고를 때, 비슷한 기업들이 너무 많다면 결국 고민하게 됩니다.

"어디가 더 나은데?"

"뭐가 차이야?"

"이 종목만의 장점이 뭐야?"

이럴 때 GPT는 **동일 업종 내 경쟁사와 비교해서** 한 종목의 **핵심 강점과 차별화 포인트**를 간단명료하게 정리해줄 수 있습니다.

💬 GPT에게 이렇게 묻자

> "삼성전자와 SK하이닉스를 비교해서
> ①기술 경쟁력, ②수익성, ③글로벌 점유율 기준으로
> 각각의 강점을 3줄 이내로 요약해줘."

또는 더 포괄적으로 물을 수도 있습니다.

> "국내 2차전지 3대 기업인 LG에너지솔루션, SK온, 삼성SDI 중
> 각 사의 차별화된 투자 포인트를
> ①사업구조, ②고객사, ③수익성 측면에서 비교해줘."

GPT는 다음과 같은 내용을 요약합니다.

핵심 지표 비교(매출, 영업이익률, 시장점유율),
사업 구조 차이(B2B/B2C, 제품군), **기술 우위 요소**(특허, 생산능력, 고객사), **투자 포인트 요약**(강점과 리스크 모두 포함) 등.

✅ 투자자의 팁

"경쟁사 대비" 또는 "차별화 포인트"라는 키워드를 꼭 넣으세요.
GPT는 단순 비교가 아닌 **투자자 시각의 핵심 차이**를 뽑아냅니다.

> "삼성바이오로직스 vs 셀트리온의 경쟁력 차이를
> 투자 포인트 중심으로 요약해줘.

기술력, 고객사, 매출 구조 위주로."

표 형식 요약 요청도 가능합니다.

"A기업과 B기업의 경쟁 요소를 표로 비교해줘

(매출, ROE, 제품군, 글로벌 고객사 기준)"

📢 에피소드

한 투자자는 GPT에게 다음과 같이 물었습니다.

"두 개 다 좋아 보이는데, 뭐가 다른 거지?"

GPT는 이렇게 답했습니다.

A사: "글로벌 고객사 기반이 넓고,

해외 매출 비중이 높아 외형 확장 강점"

B사: "수익성은 우수하나 성장성은 제한적"

그는 말했습니다.

"둘 다 좋다는 말보다 '어떤 점이 다른가'를 말해주니 선택이 쉬워졌습니다."

📋 결론

투자의 핵심은 **비교**이고, 좋은 종목보다 **더 나은 종목을 고르는 것**입니다.

GPT는 경쟁사 대비 **"무엇이 다른가"**를 **객관적으로 정리해주는 비교 분석 비서**입니다.

"강점만, 차별성만 정리해줘."

GPT는 이 한 줄 질문에 정확히 답해줍니다.

이 종목,
어떤 투자자에게 어울릴까?

성장형? 배당형? 모멘텀형? GPT가 맞춰줍니다

 **주제 도입**

종목 분석은 많이 해도, 그 종목이 '나와 맞는 종목인지'를 따져보는 사람은 많지 않습니다.

"이건 단기 트레이딩용?"

"장기 보유해도 괜찮을까?"

"이 종목은 내 투자 성향에 맞을까?"

GPT는 종목의 **실적 변동성, 수급 특성, 산업 주기,**

배당 여부, 뉴스 민감도 등을 기반으로 **어떤 투자 스타일에**

어울리는지를 정리해줍니다.

💬 GPT에게 이렇게 묻자

> "카카오라는 종목은 성장형 투자자, 배당형 투자자,
> 단기 매매자 중 누구에게 더 어울리는지
> ①실적 특성, ②수급, ③주가 흐름 기준으로 설명해줘."

또는 이렇게도 요청할 수 있어요.

> "삼성SDI는 어떤 투자자 유형에게 어울리는 종목인지
> ①수익률 변동성, ②배당/장기 안정성, ③테마 민감도
> 기준으로 설명해줘."

GPT는 다음 내용을 기반으로 응답합니다.

투자자 유형(장기/단기, 성장/배당, 공격/보수), **종목 특성 요약**(성과, 모멘텀, 안정성), **수익 기대 방식**(배당, 주가차익, 테마성), **투자자에게 맞는 운용 스타일 제안** 등.

✅ 투자자의 팁

종목명과 함께 "어떤 투자자에게 적합한지 알려줘" 또는 "어떤 전략이 어울리는지 설명해줘" 식으로 물어보세요.

"LG에너지솔루션은 장기 성장형 투자자와 단기 트레이더 중

누가 보유하기에 더 적절한 종목인지, 근거 중심으로 설명해줘."

"내 투자 성향에 맞는 종목 3개만 추천해줘"라고 GPT에게
역질문하는 것도 가능합니다.

📢 에피소드

한 투자자는 GPT에게 다음과 같이 물었습니다.

"이 종목, 나 같은 장기 가치투자자에게 어울릴까?"

GPT의 답변은 이랬습니다.

"이 종목은 실적 변동성이 크고 단기 뉴스 이슈에 민감하며

배당 성향이 낮기 때문에

장기 보유보다는 중단기 테마형 운용에 더 적합합니다."

그는 말했습니다.

"종목 분석이 아니라 '나에게 맞는 종목 분석'이 진짜 필요한 분석이었습니다."

📋 결론

종목마다 성격이 다르듯,

투자자마다 어울리는 종목도 다릅니다.

GPT는 **'종목의 DNA'**를 분석해 어떤 투자 스타일에 맞는지

설명해주는 **투자 궁합 분석기**가 될 수 있습니다.

"이 종목, 나와 맞을까?"

GPT에게 물어보세요.

투자의 방향이 명확해집니다.

뉴스 요약 + 관련주 + 투자 포인트까지 한번에!

기사만 봤는데, 어떤 종목이 왜 올라갈지까지 알려줍니다

 **주제 도입**

뉴스를 읽을 때, 투자자는 이렇게 정리된 답을 원합니다.

요약: "무슨 이슈냐?"

관련주: "누가 수혜를 받나?"

포인트: "그래서 어떻게 투자에 활용해야 하지?"

이 모든 걸 한 번에 정리해주는 도구가 바로 GPT입니다.

GPT에게는 **뉴스 하나**만 있으면 **3단 요약**(핵심 요약→종목 연결→투자 유의점)까지 정리 요청이 가능합니다.

💬 GPT에게 이렇게 묻자

"다음 기사 내용을 요약하고, 관련 수혜 종목 3개와

그 이유를 알려줘.

마지막으로 투자자가 주의할 점도 한 줄로 추가해줘."

[기사 본문 입력 또는 헤드라인 요약]

또는 이렇게도 쓸 수 있습니다.

"2차전지 관련 정부 정책 발표 기사를

①핵심 요약, ②수혜주 2~3개, ③투자 유의사항

이 세 가지로 정리해줘."

GPT는 아래 형식으로 정리해줍니다.

핵심 요약(1~2줄 뉴스 요약), **관련 종목 및 이유**(업종/사업/기술 연관성 기준), **투자 유의점**(변동성, 실현 시기, 과도한 기대) 등.

✅ 투자자의 팁

"요약→종목 추천→유의사항" 구조를 직접 지정해주면,

응답이 더 정갈하게 정리됩니다.

뉴스 URL이 없어도, 핵심 내용 몇 줄만 있으면 분석이 가능합니다.

"'전기차 충전 인프라 예산 대폭 확대' 관련 뉴스 내용을

①요약, ②수혜주, ③투자 시 유의사항 중심으로 정리해줘."

📢 에피소드

한 투자자는 GPT에게 "이 뉴스로 뭘 사야 할까?"라고만 물었지만, GPT는 3단 구성으로 이렇게 정리해줬습니다.

요약: "정부, 반도체 공급망 투자 예산 확대 발표"

종목: "A사(장비 납품), B사(소재 국산화), C사(설계 IP)"

주의: "기대 선반영으로 단기 급등 시 진입 신중 요망"

그는 말했습니다.

"한 문장으로 끝날 줄 알았는데,

생각보다 완성도 높은 분석이 나와서 놀랐습니다."

📋 결론

GPT는 단순히 요약만 하는 게 아니라 **뉴스→종목→판단 포인트**까지 연결해주는 투자 요약 전문가입니다.

"GPT야, 이 기사로 어떤 종목을 어떻게 봐야 해?"

이 질문 하나면 투자 브리핑이 완성됩니다.

내 포트폴리오 요약 평가해줘!

종목은 내가 골랐고, 평가는 GPT가 해줍니다

 주제 도입

보유 종목이 많아질수록 질문도 많아집니다.

"내 포트폴리오 괜찮은 구성일까?"

"너무 한 업종에 몰린 건 아닐까?"

"리스크는 얼마나 클까?"

GPT는 당신의 종목 리스트를 입력하면 **수익률/변동성/리스크 요약, 업종/스타일 분산 정도, 개선 포인트 제안**까지 GPT가 한눈에 정리해줍니다.

💬 GPT에게 이렇게 묻자

"내 포트폴리오 종목은 다음과 같아.

삼성전자(30%), NAVER(20%), 현대차(15%),

LG에너지솔루션(15%), 삼성바이오로직스(10%),

카카오(10%)

이 구성의 리스크 분산, 업종 편중, 스타일 밸런스를

투자자 관점에서 요약 평가해줘."

또는 수익률 중심으로 요청할 수도 있어요.

"내 포트폴리오는 A(+12%), B(-5%), C(+3%), D(-9%)야.

현재 수익률 기준으로 ①수익 기여도, ②손실 종목 위험도,

③조정이 필요한 항목을 정리해줘."

GPT는 아래와 같은 분석을 제공합니다.

종목 수익률과 기여도, 업종/스타일(성장/가치/모멘텀/배당) **분산 평가, 리스크 요인 및 조정 제안, 포트폴리오 밸런스 요약**(안정형/공격형/테마 집중형) 등.

✅ 투자자의 팁

비중+종목명은 꼭 포함하세요. 수익률이 있으면 좋지만 없어도 분석 가능합니다.

"업종 편중" 또는 "스타일 밸런스"라는 키워드를 넣으면 GPT가 더 투자자 관점으로 해석합니다.

> "내 포트폴리오가 기술주에 너무 치우친 건 아닌지
> 스타일/업종 균형 측면에서 분석해줘."

📢 에피소드

한 투자자는 GPT에게 종목 리스트를 입력하고 물었습니다.

> "너무 편중된 건 아닐까?"

GPT는 이렇게 분석했습니다.

> "IT 업종 60% 이상 집중, 수익률 기여도는 2개 종목에 편중.
> 포트폴리오 전체의 변동성이 높아,
> 업종 리스크를 분산할 필요가 있습니다."

그는 말했습니다.

"포트폴리오 진단을 GPT에게 받아본 건 처음인데,

생각보다 훨씬 정교했습니다."

> ### 📋 결론
>
> 종목을 고르는 건 당신의 몫, 그 구성을 평가하고
>
> 조율하는 건, **GPT가 잘하는 일입니다.**
>
> GPT는 당신의 포트폴리오를 **수익률/리스크/밸런스**
>
> **측면에서 평가해주는 AI 투자 조정관**입니다.
>
> "내 포트폴리오 평가해줘"
>
> **이 한 줄로 투자 전략이 달라집니다.**

테마 속 종목들, 투자 스타일로 분류해줘!

2차전지주라도 다 같은 건 아니죠

 주제 도입

같은 테마 안에서도 종목마다 **성장률, 리스크, 시총, 매매 패턴**이 전혀 다릅니다.

예를 들어 2차전지 테마 안에서도 종목별 특징은 제각각입니다.

A는 소재주

B는 장비주

C는 완성 셀 제조사

D는 테마 수급주

GPT는 이러한 종목들을 **성장형, 배당형, 가치형, 테마형** 등 **투자 스타일 기준으로 분류**해줍니다.

💬 GPT에게 이렇게 묻자

> "2차전지 관련 종목 10개를
> ①성장주 ②배당/안정주 ③테마 수급주
> 이렇게 투자 스타일 기준으로 나눠서 정리해줘.
> 각 분류의 대표 종목 2~3개씩과
> 그 이유도 간단히 설명해줘."

또는 이렇게 요청할 수도 있습니다.

> "AI 테마 종목들 중 ①수익성 높은 가치주 ②실적은 없지만 수급에
> 따라 급등하는 테마주 ③장기 실적 성장 기대되는 실적주
> 이렇게 나눠서 정리해줘."

GPT는 아래 항목으로 응답합니다.

스타일별 분류 리스트, 종목별 간단 설명(왜 그런 스타일로
분류되는지), **투자 시 고려할 점**(변동성, 리스크) 등.

✅ 투자자의 팁

"같은 테마 내 스타일 분류" 요청은 포트폴리오 구성 시 다양성과
리스크 분산 판단에 매우 유용합니다.

"반도체 종목 10개를 ①실적 기반 가치주, ②고PER 성장주,

③뉴스 테마형으로 나눠서 표로 정리해줘.

PER, 시총, 최근 수익률도 함께 정리해줘."

GPT는 단순 구분이 아니라 **투자자 입장에서 분산 전략에 도움되는 방식**으로 정리합니다.

📢 에피소드

한 투자자는 GPT에게 이렇게 물었습니다.

"2차전지 테마 안에서도 덜 위험한 종목 없을까?"

GPT는 이렇게 구분해줬습니다.

"성장형: 에코프로비엠, 엘앤에프

배당/안정형: 포스코퓨처엠

수급 테마형: 새로닉스, 코스모화학"

그는 말했습니다.

"이 분류를 보고 포트폴리오 비중을 다시 조절하게 됐어요.

몰빵이 아니라 분산이 답이더군요."

> 📑 **결론**
>
> 같은 테마 안에서도 투자 스타일별로 나누는 건,
>
> **포트폴리오 안정성과 전략 수립의 핵심**입니다.
>
> GPT는 **종목을 스타일로 구분해,**
>
> **한눈에 정리해주는 투자 분류 전문가**입니다.
>
> "이 테마 안에 있는 종목들, 스타일별로 나눠줘."
>
> **GPT는 분산과 집중의 경계를 알려줍니다.**

주봉 차트를 기반으로 GPT에게 물어보기!

단기보다 주봉에서 흐름을 읽자

 **주제 도입**

단기 등락보다 더 중요한 것은 **'중기 흐름'과 '추세의 방향'**
입니다.

주봉 차트는 단기 흔들림을 걸러내고, 추세의 전환점이나

지속 구간을 더 명확히 보여주는 도구죠.

GPT는 **주봉 차트의 주요 흐름(고점·저점·이평선)을**

요약해달라고 요청하면 기술적 관점에서 추세를

해석해줍니다.

💬 GPT에게 이렇게 묻자

"삼성전자 주봉 차트를 기준으로

최근 6개월간의 추세 흐름을 요약해줘.

고점/저점/이동평균선 흐름 중심으로,

기술적 해석도 함께 해줘."

또는 구체적인 조건으로 요청할 수도 있어요.

"SK하이닉스의 주봉에서 5주/20주 이동평균선 흐름과

최근 3개의 주봉 캔들 패턴을 기반으로

현재가 추세상 위치가 어떤지 기술적으로 해석해줘."

GPT는 아래 내용을 중심으로 정리합니다.

최근 주봉 흐름 요약(고점, 저점, 캔들 특징), **주간 이평선**(5주, 20주, 60주) **배열 및 방향**, **추세 전환 여부**, **지지/저항선 해석**, **기술적 판단**(상승 추세 지속, 조정 초입 여부) 등.

✅ 투자자의 팁

주봉 분석 시에는 **단기 흐름보다 구조적 시야**를 강조하는 프롬프트가 좋습니다.

"노이즈를 제거하고 구조적으로 추세를 판단해줘."

"단기 반등인지, 중기 전환인지 판단해줘."

차트를 첨부하지 못할 경우에는 고점/저점/종가/이평선 수치를 간단히 입력해주는 것이 좋습니다.

"주봉 기준: 고점 76,000→74,000→70,500,

저점 69,000→68,500→68,200,

현재가: 69,700, 5주선 하향, 20주선 횡보

이 흐름을 기술적으로 해석해줘."

📢 에피소드

한 투자자는 매일 일봉만 보다가 혼란에 빠졌고, GPT에게 이렇게 물었습니다.

"이 종목, 주봉으로 보면 추세가 꺾인 건가요?"

GPT는 이렇게 답했습니다.

"최근 3개 주봉 모두 저점이 낮아졌고,
5주선과 20주선이 데드크로스 형태로 수렴 중입니다.
현재 위치는 과매도 구간 진입 전환 시점일 수 있으며,
반등보다는 추가 조정 경계가 필요합니다."

그는 말했습니다.

"일봉은 소음, 주봉은 메시지.

GPT는 그 메시지를 해석해줬습니다."

📑 결론

주봉은 **단기 흔들림을 넘어, 추세의 방향**을 말해줍니다.

그리고 GPT는 그 추세를 **기술적 근거로 분석해주는**

해석 도우미가 됩니다.

"주봉 기준으로 추세가 어떤지 알려줘."

이 요청 하나면 당신의 관점이 하루 단위에서

벗어날 수 있습니다.

GPT Investing  39

GPT가 말해주는
손절가 설정법!

리스크 관리의 기본, 손절선 설정하기

 **주제 도입**

수익을 내는 것도 중요하지만,

손실을 줄이는 게 더 중요합니다.

그 시작은 바로 **손절가 설정**이죠.

"최근 저점?"

"이동평균선 기준?"

"몇 % 하락 시?"

GPT는 **최근 저점, 이동평균선, 변동성, 손익비 기준** 등

여러 방법을 조합해 **보수적, 중립적, 공격적 손절가 기준**을

제시해줄 수 있습니다.

💬 GPT에게 이렇게 묻자

> "카카오 주식의 최근 1개월간 흐름을 기준으로
> ①보수적, ②중립적, ③공격적 세 가지 스타일로
> 손절가를 제시해줘.
> 각 기준이 왜 그런지도 함께 설명해줘."

또는 다음처럼 요청해도 됩니다.

> "삼성전자의 현재 주가와 20일, 60일선 흐름,
> 그리고 최근 저점을 기준으로 손절가를 설정해줘.
> 리스크 수준별(보수적/중립/공격적)로 구분해서 설명해줘."

GPT는 다음 기준에 따라 정리해줍니다.

보수적 손절가(최근 주요 지지선 하단, 이평선 기준), **중립적 손절가**(최근 저점 또는 변동성 평균), **공격적 손절가**(당일 캔들 하단, 직전 눌림목) 등 각 손절가의 수치, 의미, 적용 시기 등.

✅ 투자자의 팁

리스크 기준에 따라 "손절폭을 몇 %까지 허용할 건가?"를 명시하면 GPT의 계산이 더 정교해집니다.

"현 주가 기준 -3%를 넘기면 손절하고 싶은데,

그 가격이 최근 지지선과 맞는지도 함께 검토해줘."

"손익비가 1:2일 경우, 손절가를 몇 %로 두는 게 좋은지"도 계산을 요청할 수 있습니다.

📢 에피소드

한 투자자는 무서워서 손절을 제대로 못 했다가 큰 손실을 경험한 뒤, GPT에게 이렇게 물었습니다.

"보수적 기준으로 손절가는 어디로 잡아야 할까?"

GPT는 이렇게 답했습니다.

"최근 저점보다 2% 낮은 53,800원 근처가

보수적 손절 기준으로 적절합니다.

이는 주요 지지선 하단 이탈이며,

추세 하락으로의 전환 가능성이 있기 때문입니다."

그는 말했습니다.

"감정이 아닌 기준으로 손절가를 설정하니 결정이 훨씬 쉬워졌습니다."

결론

손절은 감정이 아니라 **기준과 전략**으로 정해야 합니다.

GPT는 당신의 리스크 성향과 시장 흐름을 고려해

맞춤형 손절 기준을 제시해줍니다.

"손절가 어디야?"

GPT는 스타일별로 답해줍니다.

GPT Investing 40

트렌드 변화의 시점을 찾아주는 요청법!

거래량, 수급 변화, 뉴스 흐름으로 트렌드 전환 탐지하기

🎯 주제 도입

"이 종목, 분위기가 바뀌었다?"

"단기 조정일까, 추세 전환일까?"

투자자라면 누구나 느끼는 변화의 순간.

하지만 감으로만 판단하지 말고,

GPT에게 데이터를 근거로 판단해달라고 요청해보세요.

GPT는 **거래량, 기관/외국인 수급, 뉴스 감성 흐름** 등을

조합해 **트렌드 변화의 조짐**을 분석해줄 수 있습니다.

💬 GPT에게 이렇게 묻자

> "최근 1개월간 거래량, 뉴스 키워드, 기관 수급 데이터를
> 기반으로 이 종목의 트렌드가 변화 중인지 여부를
> 기술적·정성적 분석을 통해 판단해줘."

또는 구체적으로 물을 수도 있습니다.

> "삼성SDI의 최근 10일간
> ①거래량 급증, ②외국인 순매수 전환, ③신사업 관련 긍정 뉴스
> 이 세 가지 흐름을 바탕으로
> 세 변화 신호가 있는지 분석해줘."

GPT는 다음 내용을 종합해 정리해줍니다.

거래량 변화 패턴(평균 대비 급증/급감), **수급 구조 변화**
(기관/외국인 순매수 전환 여부), **뉴스 키워드/감성 흐름 변화**,
종합적 트렌드 변화 판단(전환 or 일시적 반등) 등.

✅ 투자자의 팁

'단기 반등'인지 '중기 추세 전환'인지 구분해서 질문하면 해석이 더 명확합니다.

> "최근 뉴스 키워드는 긍정적인데 수급은 아직 불안정해.

이건 단기 테마 반응일까, 추세 전환 전조일까 판단해줘."

날짜와 함께 수치(거래량 3배 증가 등)를 주면 정확도는 더욱 상승합니다.

📢 에피소드

한 투자자가 GPT에게 물었습니다.

"이 종목 뉴스도 좋고 거래량도 터졌는데,
진짜 분위기 바뀐 걸까?"

GPT는 이렇게 분석했습니다.

"뉴스 키워드는 '신사업 수주', '전기차 공급 확대' 등
긍정적 방향으로 전환 중이며,
거래량은 최근 3일간 5일 평균의 2.8배.
외국인 매수세도 5일 연속 지속되어
트렌드 전환의 초기 신호로 판단됩니다."

그는 말했습니다.

"주변에서 눈치채기 전에 GPT가 먼저 신호를 잡아줬어요."

결론

시장의 분위기는 숫자보다 먼저 **흐름에서 감지**됩니다.

GPT는 **뉴스 감성+거래량+수급**을 기반으로 변화의 전조를

포착해주는 **트렌드 탐지 AI 분석가**입니다.

"이 종목, 분위기 바뀐 거 맞아?"

GPT는 데이터를 근거로 알려줍니다.

GPT Investing 41

워런 버핏의 발언을
투자 판단에 활용해보기!

버핏이라면 지금 뭐라고 할까?

🎯 주제 도입

혼란스러운 장세 속에서 투자자들이 이런 생각을 합니다.

'버핏이라면 이 상황을 어떻게 봤을까?'

'하워드 막스라면 지금 뭐라고 조언했을까?'

GPT는 투자 대가들의 철학과 과거 발언을 기반으로

현재 시장 상황을 그들의 시각으로 해석해주는 역할을

합니다.

💬 GPT에게 이렇게 묻자

"최근 시장이 고평가 논란과 금리 불안으로 흔들리고 있어.

이 상황을 워런 버핏의 투자 철학으로 해석하면

어떤 조언이 나올까?"

또는 이렇게 요청해도 좋아요.

> "나스닥 급락 상황에서 하워드 막스는 어떤 시각을 가졌을까?
> 과거 발언과 연결해서 GPT가 요약해줘."

GPT는 다음과 같은 구조로 정리합니다.

대가의 철학 요약, 현재 시장과의 연결 해석, 투자자에게 적용할 수 있는 조언 요약 등.

✅ 투자자의 팁

"○○ 관점에서 이 상황을 해석해줘"라는 요청은 GPT가 대가들의 스타일을 시뮬레이션하는 데 매우 효과적입니다.

> "S&P500이 연중 최고치 부근에서 조정 중인데,
> 피터 린치의 시각으로 본다면 어떤 종목군을 기회로 볼까?"

스타일 지정도 가능합니다.

워런 버핏(가치 + 현금흐름 중시), **하워드 막스**(심리 + 사이클 중시), **레이 달리오**(거시경제 기반 해석), **피터 린치**(스토리텔링 기반 종목 발굴) 등.

📢 에피소드

한 투자자는 GPT에게 물었습니다.

"이 장에서 버핏이라면 뭐라고 말할까?"

GPT는 다음과 같이 정리했습니다.

"워런 버핏은 과거에
'탐욕이 넘치는 시기에는 두려워하라'고 했습니다.
지금처럼 모두가 낙관적인 상황에선 가치에 비해
가격이 과대평가될 위험이 높습니다.
이럴 땐 '살 종목'보다 '보유할 현금'을 점검해야 합니다."

그는 말했습니다.

"뉴스가 아니라 철학으로 시장을 해석하는 힘, GPT 덕분에 얻었습니다."

📋 결론

대가들의 철학은 단순한 명언이 아니라 **시장을 꿰뚫는 렌즈**입니다.

GPT는 그 렌즈를 통해 지금을 재해석해주는

철학 기반 해석가가 될 수 있습니다.

"버핏이라면 뭐라고 했을까?"

GPT는 대가의 생각까지 꺼내줍니다.

GPT에게 대가의 투자법을 요청하기!

벤자민 그레이엄 스타일로 종목 평가하기

 주제 도입

종목을 분석할 때, 이런 생각들을 하죠.

"이걸 가치투자자라면 어떻게 볼까?"

"트렌드 추종자나 배당 투자자는 어떻게 해석할까?"

GPT는 특정 종목을 **워런 버핏, 벤자민 그레이엄, 피터 린치, 레이 달리오** 등 **투자 대가의 철학을 시뮬레이션해 평가해주는 역할**을 할 수 있습니다.

💬 **GPT에게 이렇게 묻자**

"삼성전자를 벤자민 그레이엄의

가치투자 관점에서 평가해줘.

안전마진, 내재가치, 재무지표 기준으로 설명해줘."

또는 이렇게도 가능합니다.

> "LG에너지솔루션을 ①워런 버핏, ②피터 린치, ③레이 달리오 스타일로 각각 평가해줘. 중점적으로 볼 포인트도 함께 설명해줘."

GPT는 다음과 같이 구분해서 응답합니다.

**각 대가의 투자 철학 요약, 해당 종목을 그 시각에서 해석한 포인트,
투자 적합 여부+이유 요약** 등.

✅ 투자자의 팁

"○○ 스타일로 평가해줘"는 GPT가 분석 기준을 자동으로
바꿔주게 하는 강력한 프롬프트입니다.
아래처럼 비교 요청도 가능합니다.

> "이 종목을 벤자민 그레이엄과 피터 린치의 시각으로 각각 평가해줘.
> 가치와 성장 측면에서 어떤 차이가 있는지도 알려줘."

각 스타일별 주요 평가 기준 예시.

투자 대가	증시 포인트
벤자민 그레이엄	저 PBR, 안전마진, 내재가치 대비 가격
워런 버핏	지속가능한 수익, 경제적 해자, ROE
피터 린치	스토리, 실적 성장률, PEG ratio
레이 달리오	거시 흐름, 리스크 분산, 상관 관계

📢 에피소드

한 투자자는 GPT에게 이렇게 물었습니다.

> "이 종목을 벤자민 그레이엄 스타일로 평가해줘"

GPT는 이렇게 정리했습니다.

> "이 종목의 PBR은 1.8로 다소 높고, 내재가치 추정 대비 현재가는 안전마진이 부족합니다.
> 과거 수익성은 우수하지만, 가치투자 관점에서는 진입 가격에 주의가 필요합니다."

그는 말했습니다.

"기계적 숫자 분석보다 '철학을 담은 분석'이 투자에 훨씬 도움이 됐습니다."

📋 결론

종목을 바라보는 눈은 **'누구의 시각으로 보느냐'**에 따라 완전히 달라집니다.

GPT는 투자 대가의 철학을 시뮬레이션해 당신의 종목을 다양한 관점으로 분석해주는 **투자 분석가**입니다.

"○○ 스타일로 이 종목 평가해줘."

이 프롬프트 하나로 당신의

분석 프레임이 바뀝니다.

GPT Investing 43

뉴스 5개를 비교해 투자 인사이트 도출하기!

한가지 흐름, 여러 기사로 입체 분석

🎯 주제 도입

뉴스가 쏟아질 때, 궁금할 수밖에 없습니다.

"다 같은 얘기인가?"

"누가 뭘 강조하고 있지?"

"그중 가장 중요한 포인트는 뭘까?"

GPT는 이런 뉴스들을 **요약**하고, **공통점과 차이점을 분석**하고, **투자 판단에 필요한 통찰로 정리**해줄 수 있습니다.

💬 GPT에게 이렇게 묻자

"최근 3일간 삼성전자 관련 뉴스 5개를 분석해서 ①각 기사 핵심 요약, ②공통 키워드, ③투자자 관점에서 주목할 포인트를 정리해줘."

또는 뉴스 일부를 직접 입력해서 요청해도 됩니다.

> "아래 5개의 뉴스 내용을 보고 공통된 이슈와
> 투자 인사이트를 도출해줘.
> 뉴스 제목/요약: 1. 삼성전자, 1분기 실적 예상 상회,
> 2. 반도체 가격 반등 조짐, 3. 기관, 외국인 동반 매수세,
> 4. AI 반도체 수요 확대, 5. 메모리 증설 보류 검토"

GPT는 다음과 같이 정리해줍니다.

각 뉴스 요약(1~2줄씩), **공통 키워드/흐름, 긍정/부정 요인 정리**,
투자 인사이트(기회/리스크 요약) 등.

✅ 투자자의 팁

기사 전체를 붙이기보다, **제목+1~2줄 요약**을 나열하면 GPT가 더 정확하게 핵심을 비교 분석합니다.

'공통된 흐름' 또는 '반복 언급된 키워드'라는 지시어가 중요합니다.

> "다음 뉴스들의 핵심을
> ①요약, ②공통점, ③투자 힌트로 나눠 정리해줘."

📢 에피소드

한 투자자는 GPT에게 "이 뉴스들에서 중요한 흐름 하나만 골라줘."라고 요청하자, 다음과 같이 응답해줬죠.

> "다섯 뉴스 모두 'AI 반도체 수요 증가'라는
> 공통 흐름이 있으며, 이는 삼성전자의 메모리 사업
> 실적 개선 기대와 연결됩니다.
> 다만 증설 여부와 단가 상승 속도에 따라
> 단기 모멘텀에는 편차가 있을 수 있습니다."

그는 말했습니다.

"여러 기사를 한 줄로 정리해주는 능력,
GPT는 뉴스도 분석해주는 펀드매니저 같았어요."

📋 결론

다양한 뉴스 속에서 **공통 흐름을 잡아내는 능력**은 투자의 방향성을 결정짓습니다.
GPT는 **뉴스 요약+흐름 분석+인사이트 도출**을 자동으로 수행해주는 **AI 뉴스 분석가**가 될 수 있습니다.

"이 뉴스들에서 핵심 흐름과 투자 판단 포인트를 알려줘."

GPT는 당신이 놓친 연결고리를 보여줍니다.

GPT에게 악재/호재 구분 시켜보기!

이 뉴스가 주가에 긍정적일까? 부정적일까?

뉴스를 보고 나면 가장 먼저 드는 생각이 있습니다.

"이거 좋은 소식이야? 나쁜 소식이야?"

하지만 뉴스는 복합적인 내용을 담고 있거나, 표현이 애매하거나, 당장 영향이 클지 작을지 알기 어려운 경우가 많습니다.

GPT는 이런 뉴스를 **시장 반응 기준** 또는 **투자자 입장 기준**으로 **긍정/부정 요인을 구분해 논리적으로 정리**해줄 수 있습니다.

💬 GPT에게 이렇게 묻자

"이 뉴스가 주가에 긍정적인지 부정적인지,

투자자 입장에서 이유를 들어 판단해줘.

복합적인 경우엔 단기/중기 영향도

나눠서 설명해줘."

또는 뉴스 본문을 함께 제공하며 요청할 수 있어요.

"다음 뉴스는 주가에 어떤 영향을 줄까?

호재인지 악재인지 판단해줘.

[뉴스 본문 또는 요약 입력]"

GPT는 다음과 같이 정리해줍니다.

뉴스의 **핵심 내용 요약**, 투자자 관점에서 **긍정/부정 판단**,

영향 시점(단기/중기), **주가에 미칠 가능성과 예측 시나리오** 등.

✅ 투자자의 팁

'시장 반응 기준', '투자자 입장 기준'이라는 조건을 프롬프트에 명확히 포함하세요.

> "이 기사는 좋은 소식처럼 보이는데,
> 실제 투자자 입장에선 어떤 영향을 줄까?
> 단기 vs 중기로 구분해서 설명해줘."

뉴스 원문 없이 요약문(제목+한두 줄 설명)만으로도 분석이 가능합니다.

📢 에피소드

한 투자자가 GPT에게 "이 기사, 호재로 봐야 할까?"라고 물었습니다.

GPT는 다음과 같이 정리했습니다.

> "단기적으로는 신규 수주 소식으로 인해
> 긍정적 주가 반응이 예상됩니다.
> 다만 계약 규모가 작고 기존 실적에는 큰 영향이 없어
> 중기적으로는 중립적 영향을 줄 가능성이 있습니다."

그는 말했습니다.

"뉴스 해석에 감정이 아닌 논리를 주는 게 GPT의 강점이었어요."

결론

뉴스가 호재인지 악재인지 명확히 판단할 수 있다면

의사결정의 속도와 정확도가 높아집니다.

GPT는 뉴스를 논리적으로 해석해 투자자 관점에서 긍/부정

방향을 분류해주는 **분석 도우미**입니다.

"이 뉴스, 호재야? 악재야?"

GPT는 단순 요약을 넘어 판단까지 도와줍니다.

내 투자성향을 반영한 분석 요청하기!

나는 단타 성향인데, 이 종목 어울릴까?

 주제 도입

좋은 종목도 '나와 안 맞는 종목'이라면 수익보다 스트레스를 줄 수 있습니다.

어떤 사람은 단기 변동성이 편하고, 어떤 사람은 배당 중심의 안정성이 좋고, 어떤 사람은 성장주만 눈에 들어오죠.

GPT는 종목의 수익성, 변동성, 모멘텀, 이슈 민감도 등을 분석해 **해당 종목이 어떤 투자 성향에 어울리는지** 판단해줍니다.

 GPT에게 이렇게 묻자

> "나는 단기 트레이더입니다. 이 종목(예: 카카오)이
> 최근 3개월간 수급, 변동성, 뉴스 흐름 기준으로
> 단기 매매에 적합한 종목인지 판단해줘."

또는 더 정교하게 물을 수도 있습니다.

> "내 투자 성향은 보수적 가치투자입니다. 삼성바이오로직스는
> ①실적 안정성, ②뉴스 노이즈, ③수익률 편차 기준으로
> 나와 잘 맞는 종목인지 분석해줘."

GPT는 아래 내용을 종합적으로 분석해줍니다.
투자자 성향 요약, **종목의 주요 특성**(가격 변동성, 수급, 이슈
민감도), **투자성향과 종목 특성 간의 궁합**, **투자자 맞춤 평가**
(적합/주의/비적합+이유) 등.

투자자의 팁

자신의 성향을 GPT에게 먼저 설명하는 것이 핵심입니다.
예를 들어, "나는 중기 추세 추종형 스타일이야." 또는 "뉴스에
민감한 종목은 부담스러워."라고 미리 설명하며 더욱 정확한
답변을 들을 수 있습니다.

> "나는 변동성은 감수하지만, 실적 없는 테마주는 꺼려해.
> 이 종목은 그런 나와 맞을까?"

GPT는 성향별로 다른 시각을 제시해줄 수도 있습니다.

> "단타형 투자자에겐 기회가 있지만,
> 보수적 장기 보유자에겐 피로한 종목입니다."

📢 에피소드

한 투자자는 GPT에게 "이 종목, 내 스타일에 맞아?"라고 물었고, 자신이 단기 추세매매형임을 설명했습니다. GPT는 이런 응답을 내줬죠.

> "이 종목은 최근 1개월 간 변동성이 높고,
> 뉴스 노출 빈도가 잦으며, 외국인 수급이 단기적으로
> 회전하는 양상을 보여 단기 트레이딩에 적합할 수 있습니다.
> 다만, 재료 소진 이후 급락 위험에는 주의가 필요합니다."

그는 말했습니다.

"종목 분석보다 나와의 궁합 분석이 훨씬 중요한 걸 GPT가 깨닫게 해줬습니다."

결론

종목을 고를 때는 '좋은 종목인가?'가 아니라

'나에게 맞는 종목인가?'가 더 중요합니다.

GPT는 당신의 투자성향을 이해하고 종목의 속성과

연결해주는 **개인화된 종목 해석 도우미**가 됩니다.

"이 종목, 나와 맞을까?"

GPT가 그 궁합을 분석해줍니다.

실적 발표 후 주가 반응을 GPT로 해석하기!

숫자보다 더 중요한 건 시장의 해석입니다

 주제 도입

실적이 좋았다고 주가가 오르지 않고, 실적이 나빠도 주가가 오를 때가 있습니다.

왜일까요?

이미 반영된 실적? 기대보다 덜 나쁜 결과? 단기 실적보다 미래 가이던스?

GPT는 **실적 수치+시장 반응+뉴스 해석**을 종합해 **왜 주가가 그렇게 움직였는지를 설명**해줄 수 있습니다.

💬 GPT에게 이렇게 묻자

"LG에너지솔루션의 이번 실적 발표 후 주가가 하락한 이유를

①실적 수치, ②시장 기대와의 비교, ③향후 전망

측면에서 정리해줘."

또는 이렇게 요청해도 됩니다.

"삼성전자의 실적은 좋았지만 주가 반응이 미적지근했어.

왜 그런지 GPT가 해석해줘.

숫자뿐 아니라 시장 심리나 수급 요인도 포함해서."

GPT는 다음과 같이 정리합니다.

실적 요약(매출, 영업이익 등 핵심 수치), **시장 컨센서스 대비 상/하회 여부**, **주가 반응과 수급 흐름**, **해석 요약**(호실적이지만 향후 성장 둔화 우려) 등.

✅ 투자자의 팁

GPT는 '이해와 해석'에 강하므로 "왜 시장이 그렇게 반응했는지 분석해줘"가 핵심 키워드입니다.

"이 실적 발표가 주가에 어떤 영향을 미쳤는지

단기/중기로 나눠서 해석해줘."

"컨센서스 대비"라는 표현은 시장의 기대치를 기준으로 삼는 데 효과적입니다.

📢 에피소드

한 투자자는 GPT에게 "실적 좋다는데 왜 떨어졌지?"라고 물었습니다.

GPT는 이렇게 응답했죠.

> "실적은 전년 대비 12% 증가로 양호했지만,
> 시장 기대치에는 소폭 못 미쳤습니다.
> 특히 영업이익률이 낮아졌고,
> 향후 수출 둔화에 대한 언급이 있어
> 투자자들이 보수적으로 반응한 것으로 보입니다."

그는 말했습니다.

"숫자보다 기대가 중요하다는 걸 GPT 덕분에 명확히 느꼈습니다."

결론

실적 발표의 핵심은 '무엇을 발표했나'가 아니라 '어떻게 해석됐나'입니다.

GPT는 숫자, 뉴스, 시장 심리를 종합해 **실적 발표 이후의 시장 반응을 해석하는 분석가**가 될 수 있습니다.

"왜 이렇게 움직였을까?"

GPT는 그 이유를 조목조목 알려줍니다.

ETF 비교 정리, GPT가 도와줍니다!

3개 ETF, 어떤 게 나에게 맞을까?

 주제 도입

ETF는 많습니다. 너무 많습니다.

같은 섹터, 같은 이름이라도 추종 지수는 다르고,

보수나 구성 종목도 다릅니다.

GPT는 **ETF의 구성 특징, 전략 차이, 수수료, 주요 보유 종목**을 비교해 '어떤 ETF가 어떤 투자 목적에 맞는지'를 정리해줄 수 있습니다.

💬 GPT에게 이렇게 묻자

"TIGER 2차전지테마, KODEX 2차전지산업,

SOL 2차전지 ETF 3종을

①추종지수, ②주요 보유종목, ③운용보수,

④최근 1년 수익률 기준으로 비교해줘.

어떤 투자자에게 어떤 ETF가 더 적합한지도 요약해줘."

또는 이렇게도 요청할 수 있어요.

"미국 S&P500에 투자할 수 있는 대표 ETF인 SPY, IVV, VOO를

①운용사, ②추종 방식, ③보수, ④거래량 기준으로 비교해줘."

GPT는 아래 항목을 중심으로 응답합니다.

ETF 기본 정보 요약(운용사, 설정일, 보수), **전략 차이**(액티브/패시브, 섹터 특화 여부), **투자자 성향별 적합도**(단기/장기, 저비용/다이나믹), **선택 팁**(수익률 vs 안정성, 운용보수 vs 유동성) 등.

✅ 투자자의 팁

ETF 이름을 명확히 입력하면 GPT가 정보를 더 정확히 찾고 비교합니다.

투자 목적이 뚜렷할수록 GPT의 추천이 정교해집니다.

"나는 장기 분산 투자자야. 배당형 ETF 중에 추천해줘."

"2차전지 중소형주 위주 ETF를 비교해줘."

"반도체 관련 ETF 중 SOXX, SMH, XSD를
①대형주 중심인지, ②기술주 편중 여부, ③성장성과 변동성
기준으로 비교해줘."

📢 에피소드

한 투자자는 GPT에게 "2차전지 ETF 뭐가 제일 나아?"라고 물었습니다.

GPT는 이렇게 정리했습니다.

TIGER 2차전지테마: 시가총액 상위 종목 집중형, 대표주 위주, **KODEX 2차전지산업:** 소재·장비·셀 제조 고루 분산,
SOL 2차전지: 중소형주 비중이 높고, 공격적 스타일

"장기 투자자에겐 KODEX,

단기 수익 노린다면 SOL이 적합할 수 있습니다."

그는 말했습니다.

"ETF도 성향이 다르다는 걸 GPT 덕분에 처음 알았습니다."

결론

ETF는 "무엇에 투자하느냐"뿐 아니라 '어떻게 구성돼 있느냐'가 중요합니다.

GPT는 ETF의 특징을 비교하고, 당신의 투자 목적에 맞는 선택을 도와주는 **ETF 분석 비서**가 될 수 있습니다.

"이 ETF들, 뭐가 다르지?"

GPT가 투자자의 시각으로 정리해줍니다.

금리·물가·환율…
거시지표와 주가의 연결고리!

경제 흐름이 주가에 어떤 영향을 미칠까?

 주제 도입

주식시장은 결국 **거시 흐름의 반영판**입니다.

"금리가 오르면 왜 IT주가 빠질까?"

"환율이 오르면 수출주는 왜 오를까?"

"물가가 오르면 어떤 업종이 유리할까?"

GPT는 **현재 경제지표의 흐름**을 요약하고, 그 지표가

어떤 섹터나 종목에 영향을 미치는지 논리적으로

정리해줄 수 있습니다.

💬 GPT에게 이렇게 묻자

> "최근 미국 금리가 다시 상승 중인데, 이런 금리 흐름이
> 성장주나 2차전지 테마에는 어떤 영향을 줄 수 있는지
> 시장 해석 중심으로 정리해줘."

또는 이렇게 요청해도 됩니다.

> "최근 3개월간 원/달러 환율 상승과
> 반도체 업종 수익률 사이에 연관성이 있었는지 분석해줘.
> 수출기업 입장에서의 논리도 함께 설명해줘."

GPT는 아래 내용을 중심으로 정리해줍니다.

거시지표 요약(금리, 환율, 물가), **각 지표와 연결되는 업종/테마**,
과거 유사 국면과 시장 반응 비교, **투자자 관점 요약**(이럴 땐 이런
종목 주의/기회) 등.

✅ 투자자의 팁

"이 지표와 어떤 종목군이 연결돼?"라는 구조로 묻거나 "이런
흐름이면 어떤 종목에 유리해?"처럼 연결을 GPT에게 맡기면 훨씬
유용합니다.

"원유 가격이 계속 오르고 있는데,

이런 흐름이 항공주와 정유주에 미치는 영향 차이를 설명해줘."

지표 이름+업종 또는 종목 이름을 함께 주면 GPT의 논리 연결이 훨씬 정교해집니다.

📢 에피소드

한 투자자는 GPT에게 "요즘 금리 때문에 반도체주가 빠지던데 왜 그래?"라고 물었습니다.

GPT는 이렇게 설명했습니다.

"금리가 상승하면 미래 수익의 현재 가치가 낮아져

고PER의 성장주(반도체 포함)에 불리합니다.

특히 IT/반도체 업종은 자금 유입 감소+밸류에이션 부담이

중첩돼 약세 흐름을 보일 수 있습니다."

그는 말했습니다.

"경제지표 공부까지 GPT가 대신해주는 느낌이었어요."

> **결론**
>
> 경제는 숫자이고, 시장은 그 숫자를 반영하는 반사경입니다.
>
> GPT는 경제 흐름과 주가의 연결 고리를 찾아주는 **거시시장 해석기**가 될 수 있습니다.
>
> "요즘 ○○지표 때문에 주가가 왜 이래?"
>
> **GPT가 논리적으로 풀어줍니다.**

이벤트 전 선반영 여부와 대응 전략 물어보기!

FOMC 발표 전에 뭘 준비해야 할까?

 주제 도입

경제 이벤트가 시장에 영향을 줄 때, 중요한 것은 '결과'보다 **'예상'과 '선반영' 여부**입니다.

"이번 금리 인상은 이미 반영됐나?"

"CPI 발표 전엔 어떤 섹터가 민감하지?"

"발표 후엔 어떤 흐름이 반복됐었지?"

GPT는 **이벤트 전 시장 기대→과거 패턴→대응 전략**을 논리적으로 정리해주는 기능에 탁월합니다.

💬 GPT에게 이렇게 묻자

> "다음 주 FOMC 회의에서
> 금리 동결 가능성이 높다고 하는데,
> ①시장의 선반영 여부, ②과거 유사한 상황에서 주가 흐름,
> ③투자자가 준비해야 할 대응 전략을 정리해줘."

또는 이렇게도 가능합니다.

> "CPI 발표 전후로 나스닥 지수와 성장주의
> 반응 패턴을 비교해서 알려줘.
> 단기 트레이딩 전략이 있다면 함께 제시해줘."

GPT는 다음과 같이 정리해줍니다.

이벤트 개요 및 시기, 시장의 선반영 여부 및 기대 포인트,

과거 유사 이벤트 반응 사례, 투자자 관점의 대응 전략(보수적/

공격적/관망형) 등.

✅ 투자자의 팁

'선반영 여부'는 GPT에게 **"이미 반영된 내용인가?", "발표 이후 추가**

반응이 클까?" 같은 방식으로 직접 물어야 잘 작동합니다.

"미국 고용지표 발표 앞두고 성장주/가치주/금리 민감주 중

누가 선제 반응했는지 알려줘. 발표 후 전략도 제안해줘."

📣 에피소드

한 투자자는 GPT에게 "FOMC 전에 미리 대응하려면 뭘 봐야 해?"라고 물었습니다.

GPT는 이렇게 정리했습니다.

"이번 회의는 금리 동결 전망이 우세하며,

시장은 이미 이를 일정 부분 반영 중입니다.

하지만 파월 의장의 발언에 따라 긴축 우려가

다시 확대될 수 있어 기술주는 뉴스 민감성이 큽니다.

→ 발표 전 저변동 종목, 발표 직후에는

방향 확인 후 추세 매매가 유리합니다."

그는 말했습니다.

"예측보다 '예상된 시나리오별 대응법'을

정리해주는 GPT의 해석력이 정말 유용했어요."

> **결론**
>
> 이벤트는 결과보다 **시장의 기대와 반응의 간극이 중요**합니다.
>
> GPT는 **과거 사례+현재 심리+전략 대응**을 한눈에 정리해주는 **이벤트 대응 전문가**가 될 수 있습니다.
>
> "이 발표 전에 뭘 준비해야 할까?"
>
> **GPT는 시장보다 한발 먼저 정리해줍니다.**

GPT Investing 50

내 실패 사례를 GPT에게 털어놓고 분석받기!

잃은 이유를 모르면 또 잃는다

 주제 도입

"왜 손해 봤는지 정확히 말해줄 사람 없을까?"

"다음엔 같은 실수 안 하고 싶은데…"

GPT는 **당신의 실제 투자 경험을 바탕으로**

무엇이 문제였는지, 어떤 점을 개선해야 하는지

구조적으로 정리해줄 수 있습니다.

 GPT에게 이렇게 묻자

"내가 A 종목을 1월에 10만 원에 사고,

뉴스 호재 보고 11만 원에 추가 매수했는데

3월에 8만 원까지 빠졌고 결국 손절했어.

이 사례에서 내 투자 전략의 문제점과 개선 방향을 알려줘."

또는 이렇게도 요청할 수 있습니다.

> "내가 2차전지 테마 급등 초기에 진입했다가
> 너무 늦게 익절해서 수익을 거의 못 챙겼어.
> 심리적 오류나 타이밍 실수 관점에서 분석해줘."

GPT는 다음과 같은 항목을 중심으로 정리해줍니다.

사례 요약, 전략적/심리적 오류 분석, 반성 포인트,

향후 개선 전략(타이밍/분산/리스크 관리) 등.

✅ 투자자의 팁

본인의 투자 사례를 구체적으로 서술할수록 GPT의 분석 수준이 높아집니다.

(예 매수가, 매도가, 이유, 심리 상태, 결과 등)

> "내가 AI 테마주에 몰빵했다가 고점에서 물렸는데
> 이 사례를 보고 투자 원칙과 감정 제어 측면에서
> 문제점을 정리해줘."

GPT는 실패의 책임을 묻기보다, **반성의 프레임**으로 정리해주도록 설계할 수 있습니다.

📢 에피소드

한 투자자는 GPT에게 "내가 에코프로에 180만 원에 진입해서 손절 못 하고 6개월째 존버 중인데… 왜 이렇게 된 걸까?"라고 물었습니다.

GPT는 이렇게 응답해줬죠.

> "①고점 진입에 따른 밸류에이션 부담을 고려하지 못했고,
> ②수익 실현 계획 없이 단기 상승에 편승했으며,
> ③손절 기준 미설정으로 리스크 관리가 미흡했습니다.
> → 향후엔 진입 시점 분할매수/손익 시나리오 설정이 필요합니다."

그는 말했습니다.

"내 실수를 누군가에게 말할 수 있고
논리적으로 돌아볼 수 있다는 게 정말 좋았습니다."

📋 결론

투자 실패는 '돈을 잃는 사건'이 아니라 **'배움의 기회'로 만들 수 있는 자산**입니다.

GPT는 당신의 투자 경험을 분석하고 심리적·전략적 프레임으로 재정리해주는 **맞춤형 복기 파트너**입니다.

"이렇게 투자했는데 실패했어. 뭐가 문제였을까?"

GPT는 그 이유와 해결책을 함께 찾아줍니다.

기업 뉴스와 실적 발표를 연결해서 질문하기!

뉴스 따로, 실적 따로? 연결해서 보면 답이 보인다

 주제 도입

뉴스는 실적을 예고하고, 실적은 뉴스의 결과입니다.

"신규 수주 뉴스가 실적에 어떻게 반영됐을까?"

"이번 실적은 지난 분기 악재의 결과일까?"

"뉴스와 숫자가 일치하지 않는데, 왜?"

GPT는 **특정 뉴스와 최근 또는 다음 분기의 실적 흐름을 연결해 이슈의 영향력, 반영 시기, 시장 반응**까지 정리해줍니다.

💬 GPT에게 이렇게 묻자

> "카카오가 작년 말 AI 사업 확대 뉴스를 냈는데,
> 이번 실적 발표에 그 내용이 어떻게 반영됐는지 분석해줘.
> 수익 기여도나 비용 측면도 함께 고려해줘."

또는 이렇게도 요청할 수 있습니다.

> "삼성전자가 1분기 실적 발표를 했는데,
> 그 전부터 나왔던 감산 뉴스와 수요 둔화 관련 이슈가
> 실제 실적에 어떤 영향을 줬는지
> 연결해서 설명해줘."

GPT는 다음 내용을 중심으로 분석합니다.

뉴스 요약(이슈/내용/시점), **실적 요약**(매출/이익/주요 부문),

뉴스와 실적의 연결성(직접/간접 영향), **향후 전망 또는 해석** 등

✅ 투자자의 팁

뉴스와 실적 사이 시간차를 감안해 질문하세요.

예를 들어, "작년 4분기 뉴스인데 이번 실적에 반영됐을까?", "신규 공장 증설 발표가 언제쯤 실적에 반영될까?" 식의 질문을 합니다.

"지난해 12월에 있었던 글로벌 고객사 계약 뉴스가 이번 실적에 영향을 줬는지, 아직 반영 전인지 알려줘."

수치와 키워드를 주면 정확도가 더 높아집니다.

(예 '매출 증가율 +15%', '전년 동기 대비 감소' 등)

📢 에피소드

한 투자자는 GPT에게 "실적은 좋았다는데, 왜 주가가 빠지지?"라고 물었습니다.

GPT는 이렇게 답했습니다.

"지난 분기 실적엔 수주 증가 뉴스가 반영돼 긍정적이지만, 영업이익률 하락과 향후 수요 둔화 우려가 겹쳐 시장은 보수적으로 해석한 것으로 보입니다."

그는 말했습니다.

"뉴스와 숫자를 따로 보지 말고 GPT한테 연결 분석을 시키는 게 핵심이더군요."

결론

뉴스와 실적은 각각 따로 보는 게 아니라 '연결해서' 해석하는 것이 투자 인사이트입니다.

GPT는 기업 이슈와 실적 수치를 연결해

맥락 중심 분석을 해주는 실적 해설가가 될 수 있습니다.

"이 뉴스가 실적에 반영됐을까?"

GPT는 흐름을 짚어줍니다.

이 종목 사도 될까요?
라고 물어보지 말자!

질문이 막연하면 답도 애매해진다

 **주제 도입**

많은 투자자가 GPT에게 이렇게 묻습니다.

"이 종목, 사도 될까요?"

하지만 이 질문엔 매수 시점도 없고,

투자 기간도 없고, 목적도 없습니다.

그러니 GPT의 답도 이렇죠.

"이 종목은 성장성과 리스크가 공존하며…"

(결국 확신 없는 일반론)

정확한 답을 원한다면, 질문부터 명확히 해야 합니다.

💬 GPT에게 이렇게 묻자

"카카오를 단기 2주 보유 목적으로 보고 있는데,
현재 수급, 뉴스 흐름, 기술적 흐름 기준으로
매수 적절성 판단해줘.
매수 적정가와 손절가 제안도 포함해줘."

"삼성바이오로직스를
①장기 보유, ②실적 성장, ③외국인 수급 기준으로 볼 때
지금 진입이 적절한지 판단해줘."

GPT는 다음 기준에 따라 논리적으로 정리해줍니다.
투자 목적(단기/장기), **판단 기준**(실적, 수급, 뉴스, 차트), **투자 조건**(목표 수익률, 손절 기준, 보유 기간), **종합 평가**(진입 가능/관망/리스크 존재) 등.

✅ 투자자의 팁

질문은 구체적일수록 좋습니다.
"지금 사도 될까?"보다는 "이 종목을 1개월 보유할 생각인데 최근 뉴스 흐름과 수급이 괜찮은지 봐줘"가 훨씬 효과적입니다.

"이 종목을 단기 보유할 때 현재 가격이 눌림목 구간인지

아니면 하락 추세인지 판단해줘."

매수 타이밍이 고민된다면 "과거 3개월 차트 흐름"이나 "최근 거래량 추이"도 같이 넣으면 분석이 깊어집니다.

📢 에피소드

한 투자자가 GPT에게 "이 종목 사도 돼요?"라고만 물었을 때, GPT는 조심스럽게 말했습니다.

"종목의 투자 적정성은 목적과 기간에 따라 다릅니다."

하지만 질문을 이렇게 바꾸자.

"이 종목을 단기 3일 트레이딩 관점에서 볼 때 최근 변동성 기준으로 타이밍이 괜찮을까?"

GPT의 응답은 훨씬 선명해졌습니다.

"현재 변동성이 축소되며 단기 수급 전환 신호가 있으며, 기술적으로는 단기 저항 돌파 전 진입 구간으로 판단됩니다."

그는 말했습니다.

"답을 바꾸고 싶다면, 질문부터 바꿔야 합니다."

결론

질문이 막연하면 GPT의 답도 피상적일 수밖에 없습니다.

투자 대상, 기간, 목적, 판단 기준을 포함하면 GPT는 마치 애널리스트처럼 **정확하고 전략적인 의견**을 내놓습니다.

"사도 될까요?" 대신

"왜, 언제, 어떤 조건에서?"를 넣어보세요.

GPT Investing 53

보유 종목 뉴스만 요약해주는 프롬프트!

다 필요 없고, 내가 가진 종목 뉴스만 정리해줘

🎯 주제 도입

뉴스가 너무 많습니다.

하지만 정작 투자자에게 중요한 건 "내가 가진 종목에

무슨 일이 생겼나?"입니다.

GPT는 **보유 종목 리스트를 기준으로**

해당 종목 관련 뉴스만 추려서 요약해줄 수 있습니다.

💬 GPT에게 이렇게 묻자

"카카오를 단기 2주 보유 목적으로 보고 있는데,

현재 수급, 뉴스 흐름, 기술적 흐름 기준으로

매수 적절성 판단해줘.

매수 적정가와 손절가 제안도 포함해줘."

> "삼성바이오로직스를
> ①장기 보유, ②실적 성장, ③외국인 수급 기준으로 볼 때
> 지금 진입이 적절한지 판단해줘."

또는 뉴스가 여러 개일 때는 다음과 같이 요청할 수 있습니다.

> "아래 뉴스 7개 중에서 내 보유 종목(삼성전자, 현대차, 에코프로)
> 관련 기사만 골라 요약과 함께 투자 포인트를 정리해줘."

GPT는 다음과 같이 정리합니다.

종목별 주요 뉴스만 **분류**, 제목 또는 **핵심 키워드 요약**,

뉴스 감성(긍정/중립/부정), 투자자에게 의미 있는 **관찰 포인트** 등.

✅ 투자자의 팁

뉴스가 많은 날엔, "내 종목 중심으로만 정리해줘"라는 요청이 매우 효율적입니다.

프롬프트에 **기간 조건**과 **요약 형식**을 함께 지정하면 정리가 더 명확해집니다.

> "보유 종목: A, B, C
> 지난 3일간 관련 뉴스 요약(제목/핵심내용/감성 구분 포함)
> → 투자 시 참고할 점까지 정리해줘."

구글 시트, 뉴스 링크, RSS 피드와 연동해서 활용하면 자동화도 가능합니다.

📢 에피소드

한 투자자는 GPT에게 "내 보유 종목만 뉴스 추려서 정리해줘"라고 요청했습니다.
GPT는 이렇게 정리했습니다.

삼성전자: "美 반도체법 보조금 수령 확정→긍정적"

NAVER: "AI 검색 베타 출시… 초기 반응 혼조"

포스코퓨처엠: "中 수출 규제 완화 기대감에 강세 흐름"

그는 말했습니다.

"뉴스 요약을 '내 포트폴리오 중심'으로 받으니까 정보 과잉이 아니라 정보 선별이 되더군요."

📋 결론

모든 뉴스를 다 읽는 시대는 끝났습니다.
보유 종목 중심의 정보 정리가 실전 투자에서 가장 실용적입니다.

GPT는 나의 포트폴리오 중심으로 뉴스만 골라 요약해주는 **AI 뉴스 필터이자 요약가**가 될 수 있습니다.

"내 종목 뉴스만 뽑아 정리해줘."

GPT는 당신이 진짜 알아야 할 뉴스만 알려줍니다.

내 포트폴리오를
GPT에게 설명해보기!

종목도, 비중도, 수익률도 다 말해보세요. GPT가 진단해줍니다

 주제 도입

많은 투자자들이 GPT에게 이렇게 말합니다.

"내 종목 좀 봐줘."

하지만 정확한 분석을 원한다면, **종목 이름뿐 아니라 비중**,

수익률, 투자 성향까지 함께 설명해야 합니다.

GPT는 이 정보를 기반으로

분산 여부, 수익률 기여도, 위험 편중, 스타일 불균형을

종합적으로 분석해줄 수 있습니다.

💬 GPT에게 이렇게 묻자

"내 포트폴리오는 다음과 같아.

삼성전자 30%(+5%), NAVER 20%(-3%),

현대차 15%(+12%), LG에너지솔루션 15%(+1%),

카카오 10%(-9%), 포스코퓨처엠 10%(+15%)

이 구성을 수익률 기여도, 업종 편중 여부,

성장/가치 스타일 밸런스를 중심으로 진단해줘."

또는 수익률이 없다면 다음처럼 요청할 수도 있습니다.

"보유 종목은

삼성전자, SK하이닉스, LG화학, 에코프로, NAVER야.

이 포트폴리오의 업종 분산, 스타일 균형,

리스크 요인 위주로 평가해줘."

GPT는 다음 기준에 따라 진단해줍니다.

수익률 기여도(상위/하위 종목), **업종 집중도**(IT/바이오/자동차 등 편중 여부), **스타일 분류**(성장주 vs 가치주, 배당 vs 테마), **리스크 요인**(수급/변동성/이슈 노출), **개선 제안**(리밸런싱, 분산 전략) 등.

🗸 투자자의 팁

비중과 **수익률**을 함께 말하면 분석 정확도가 높아집니다.

GPT에게 "내 투자 성향은 중기 추세 추종형이야" 같은

스타일 정보도 함께 제공하면 더 맞춤화된 분석이 가능합니다.

> "나는 성장주 중심, 3~6개월 보유 전략을 선호해.
> 현재 포트폴리오는 이렇고, 리스크와 보완 포인트를 알려줘."

📢 에피소드

한 투자자가 GPT에게 "내 포트폴리오가 너무 테마 위주인 것 같아. 평가 좀 해줘."라고 말했습니다.

GPT는 이렇게 정리했습니다.

> "현재 포트폴리오는 2차전지, IT, 인터넷 중심으로
> 구성되어 있으며 수익률은 상위 2개 종목에
> 크게 의존하는 구조입니다.
> 방어형 업종(금융, 소비재 등)의 편입을 통해
> 변동성 리스크를 분산할 수 있습니다."

그는 말했습니다.

"내 종목을 이렇게 논리적으로 평가받은 건 처음이었어요."

결론

GPT는 단순한 종목 상담이 아니라 포트폴리오 구조 자체를 분석하고 진단하는 **AI 파트너**입니다.

"내가 가진 종목, 지금 상태 괜찮은 걸까?"

GPT는 분산·기여도·리스크까지 한눈에 정리해줍니다.

GPT Investing 55

지금 사면 몇 퍼센트 올라야 본전일까?

손실률과 회복률은 다르다. GPT가 계산해줍니다

🎯 주제 도입

주가는 -20% 빠졌는데, 20%만 오르면 본전인가?

아닙니다. -20% 하락 후에는 **+25% 상승해야 본전**입니다.

손실률과 회복률은 비대칭입니다.

GPT는 현재 손실률을 기준으로 **본전까지 필요한 수익률**,

목표가, 추가 매수 전략 등을 계산해줍니다.

💬 GPT에게 이렇게 묻자

"8만 원에 매수한 종목이 지금 6만 원이야.

본전까지 몇 % 올라야 해?

그리고 지금 추가 매수하면

평단가가 얼마가 되는지도 계산해줘."

또는 다음처럼 요청할 수도 있어요.

> "10만 원에 샀던 종목이 -30% 손실 중인데
> 원금 회복하려면 몇 % 올라야 해?
> 수익률이 비대칭인 이유도 설명해줘."

GPT는 다음 정보를 계산해줍니다.

현재 **손실률**, 회복 **필요 수익률**, 추가 매수 시 **평단가**,

복구 기간 추정(과거 수익률 기준 예측도 가능),

전략적 조언(추가 매수/관망/손절) 등.

ⓥ 투자자의 팁

"매수 가격과 현재 가격"만 정확히 입력하면 손익률 계산은 자동입니다.

> "5만 원에 샀는데 지금 3만 5천 원이야.
> 추가로 같은 수량을 사면 평단가는?
> 그리고 본전까지 몇 % 올라야 하는지도 계산해줘."

GPT는 수익률만 계산하지 않고 **리스크 분산 관점에서의 조언**도 해줄 수 있습니다.

📢 에피소드

한 투자자는 GPT에게 "30% 손실 났는데, 30% 오르면 본전이죠?"라고 물었습니다.

GPT는 이렇게 답했습니다.

> "30% 하락 후엔 약 +42.9% 상승해야 본전입니다.
>
> 이는 '손실 후 회복률은 더 커야 한다'는
>
> 수익률 비대칭성 원리에 따른 것입니다."

그는 말했습니다.

"계산은 간단하지만, 심리적으로는 잘 몰랐던 내용이었어요."

📑 결론

손실률은 단순히 '얼마 빠졌냐'가 아니라

얼마나 다시 올라야 회복 가능한가의 문제입니다.

GPT는 **수익률 역산+복구 시나리오+추가 매수 전략**까지

한눈에 정리해주는 **손실 관리 파트너**가 될 수 있습니다.

"몇 % 올라야 본전일까?"

GPT는 숫자뿐 아니라 전략까지 알려줍니다.

오해를 줄이는
프롬프트 문장 구성법!

애매한 질문엔 애매한 답이 돌아온다

GPT에게 질문했는데, "이게 내가 원한 답이 아닌데…"

싶었던 적, 있으시죠?

그 이유는 대부분 **질문이 불명확하거나 맥락이**

부족해서입니다.

GPT는 문맥 기반으로 작동하기 때문에, 조금만 명확하게

써줘도 **훨씬 정확하고 원하는 방향으로 답해줍니다.**

GPT에게 질문을 좀 더 명확하게 해야, 더 나은 답변을 받을 수

있습니다.

애매한 질문:

"이 종목 어때 보여?"

명확한 질문:

"이 종목을

①3개월 단기 투자 기준, ②최근 수급 흐름, ③경쟁사 대비 실적

이 세 가지 관점으로 평가해줘."

애매한 질문:

"뉴스 요약해줘."

명확한 질문:

"아래 뉴스를

①핵심 내용 1줄, ②주가에 긍정/부정 여부, ③투자 시 유의점

이 세 가지로 정리해줘."

✅ 프롬프트 구성 팁 5가지

기간을 정하자. 단기/중기/장기, 3일/3개월/1년.

기준을 정하자. 수급, 실적, 차트, 뉴스 중 어떤 관점인지, 정량/정성 기준을 구분.

형식을 정하자. "3가지 항목으로 정리해줘", "표로 정리해줘", "긍정/부정으로 나눠줘"

목적을 말하자. "매수 결정을 위한 요약이야", "손절 타이밍 판단이 목적이야"

제한 조건을 달자. "3줄 이내로", "초보자 눈높이에 맞춰", "숫자 없이 설명해줘"

📢 에피소드

한 투자자는 GPT에게 "삼성전자 요약해줘"라고만 요청했습니다.

GPT는 500자짜리 백과사전식 소개문을 보여줬고…

그는 말했습니다.

"내가 원한 건 그런 게 아니었는데!"

다시 다음처럼 요청하자.

> "삼성전자를 최근 실적+주가 흐름+이슈 중심으로 3줄 요약해줘. 초보자도 이해할 수 있게."

GPT는 이렇게 답했습니다.

"삼성전자는 반도체 부문 중심으로

회복세를 보이고 있으며, 최근 분기 흑자 전환과

AI 관련 수요 기대감이 반영 중입니다.

주가는 최근 한 달 간 5% 상승했습니다."

그는 말했습니다.

"이제야 내가 원하던 답이네요."

결론

GPT는 잘못된 답을 주는 게 아니라,

질문을 해석한 그대로 답할 뿐입니다.

오해 없는 응답을 원한다면 **"기간, 기준, 목적, 형식"**

네 가지만 넣어도 정확도는 **기하급수적으로 향상**됩니다.

어떻게 물어볼까?

그게 GPT와의 대화에서 가장 중요한 기술입니다.

GPT Investing 57

투자일기 분석
도와달라고 요청하기!

기록은 했지만 복기는 안 했다면, GPT가 도와줍니다

 **주제 도입**

투자일기를 쓰는 건 좋은 습관입니다.

하지만 **그걸 분석해서 피드백 받는 건 더 중요한 습관**입니다.

GPT는 여러 건의 투자일기를 입력하면 공통 패턴,

실수 유형, 심리 변화, 개선 방향 등을

논리적으로 정리해줍니다.

💬 GPT에게 이렇게 묻자

"내가 지난 2주 동안 쓴 투자일기야.

매매 이유, 감정, 결과가 포함돼 있어. 내용을 분석해서

①반복되는 실수, ②심리적 경향, ③개선할 투자 습관

이 세 가지로 정리해줘."

(※ 아래에 실제 투자일기 3~5개 입력)

또는 이렇게 요청해도 됩니다.

"내 투자일기를 아래에 쓸게.

GPT가 투자자 성향, 감정 흐름, 의사결정 타이밍 문제를

중심으로 분석해줘."

GPT는 다음을 중심으로 분석합니다.

매수/매도 시점과 이유의 **일관성**, 수익/손실 패턴의 **반복성**,

감정적 의사결정 여부(조급함, 후회, 확신 과잉), **전략적 결함** 또는

개선 포인트 등.

💚 투자자의 팁

투자일기는 꼭 '정답'이 아니어도 됩니다.

솔직하게 쓴 기록일수록 분석 품질이 올라갑니다.

감정 표현이 들어간 문장은 GPT가 **심리 분석**을 더 잘해줍니다.

"오늘 매수 직전까지 망설이다가 결국 눌림목에서 진입했는데

들어가자마자 하락해서 당황했다.

조급한 마음에 원칙 없이 진입한 것 같다."

이런 표현이 많을수록, GPT는 당신의 투자 심리를 더 정확히 짚어냅니다.

📢 에피소드

한 투자자는 GPT에게 자신의 10개 매매일지를 붙여넣고 "왜 난 손실이 반복될까?"라고 물었습니다.

GPT는 이렇게 분석했습니다.

> "10건 중 6건은 매수 후 단기 조정에 손절하고,
> 반등 구간에서 다시 매수하여 평단이 올라가는 구조입니다.
> 진입 근거가 '뉴스나 촉'일 경우 손실 확률이 높았고,
> 조급한 손절과 늦은 재진입이 반복되고 있습니다."

그는 말했습니다.

"GPT는 내 매매 습관의 거울 같았어요."

📋 결론

기록은 투자자의 무기입니다.

그리고 GPT는 그 무기를 분석해서

전략으로 바꾸는 파트너가 됩니다.

"내가 한 투자를 분석해줘."

GPT는 당신의 습관과 성향을 숫자와 문장으로 보여줍니다.

GPT Investing 58

잘못된 결과의 원인을
프롬프트로 추적하기!

틀렸다고 끝이 아니다. 왜 틀렸는지가 중요하다

🎯 주제 도입

예상이 빗나갔다면 "왜 그런 결과가 나왔는가?"

그 질문을 던질 수 있어야 다음엔 피할 수 있습니다.

GPT는 당신의 매매 판단, 리서치 근거, 뉴스 해석, 타이밍

선택 등 **사전 판단→실행→결과**의 흐름을 분석해

실패의 원인과 교정 방향을 논리적으로 정리해줍니다.

💬 GPT에게 이렇게 묻자

"내가 2월 초에 A 종목을

①실적 발표 전 기대감, ②수급 증가, ③AI 뉴스 확산을

근거로 매수했는데 3월까지 20% 하락했어.

이 결과가 왜 나왔는지 원인을 정리해줘."

또는 아래처럼 구조화해서 요청할 수도 있어요.

"내 판단은 이랬어:

①진입 근거: ○○ 뉴스, 기술적 돌파, ②매수 시점: 고점 근처,

③손절 기준: 미정, ④결과: -15% 손실 후 손절,

이 흐름을 보고 ①분석 오류, ②타이밍 문제, ③전략 미비

세 가지 기준으로 원인을 추적해줘."

GPT는 다음과 같이 응답해줍니다.

전체 흐름 요약, 진입 근거 **타당성 분석**, 결과에 **영향을 준 변수** (외부 요인 포함), **실수 포인트** 및 **대안 전략** 등.

투자자의 팁

감정보다 구조를 중심으로 설명하면, GPT의 추론력이 더 정확해집니다.

"내가 한 판단이 결과와 다르게 나왔어.

과정에 어떤 논리적 결함이 있었는지 찾아줘."

또는 이렇게 물을 수 있습니다.

> "내 판단 중 어떤 전제가 틀렸는지
> GPT가 체크리스트처럼 확인해줘."

'결과만 나쁜 게 아니라, 전제부터 틀렸다'는 경우도 많습니다.
GPT는 **전제→판단→실행**을 모두 추적할 수 있습니다.

📢 에피소드

한 투자자가 GPT에게 "내가 A 종목을 뉴스 보고 샀는데 틀렸어. 왜?"라고 물었습니다.

GPT의 답변의 이랬습니다.

> "뉴스는 기대감을 자극했지만 실제 실적 반영까지
> 시간이 필요했고, 이미 주가는 선반영된 상태였습니다.
> 또한 매수 시점이 단기 고점이었고, 손절 기준이 없던 것이
> 손실 확대로 이어졌습니다."

그는 말했습니다.

"실패한 투자에 감정 대신 논리가 생기니 마음도 훨씬 정리되더군요."

> 📋 **결론**
>
> 틀린 건 문제가 아닙니다. **틀린 이유를 모르는 것이 문제입니다.**
>
> GPT는 당신의 판단 흐름을 재구성해 실패의 원인을 구조적으로 찾아주는 **복기 파트너**입니다.
>
> **왜 이런 결과가 나왔을까?**
>
> **GPT는 과정을 추적해 답을 찾습니다.**

내가 원하는 답만 듣지 않도록 설계하는 법!

듣고 싶은 말이 아니라, 들어야 할 말을 듣자

많은 투자자가 GPT에게 이렇게 묻습니다.

> "이 종목, 괜찮죠?"
>
> "지금이 바닥 아닌가요?"
>
> "좋게 해석해줘."

하지만 이런 질문은 **이미 듣고 싶은 방향으로 편향된 해석**을 유도합니다.

이럴 때 GPT는 객관적 판단이 아니라

당신의 '희망'을 반영한 답변을 줄 가능성이 높습니다.

'중립적인 프롬프트 설계'는 투자 GPT 활용의 핵심입니다.

💬 GPT에게 이렇게 묻자

GPT에게 질문을 제대로 해야, 편향되지 않은 답변을 받을 수 있습니다.

편향된 질문:

> "이 종목, 지금 매수하면 반등하겠죠?"

균형 잡힌 질문:

> "이 종목의 현재 흐름을 ①긍정적인 해석, ②부정적인 해석
> 두 가지 관점에서 각각 정리해줘.
> 그리고 중립적 종합 의견도 추가해줘."

> "내 생각엔 이 종목이 반등할 거 같지만,
> GPT는 반등 가능성과 실패 가능성을
> 각각 시나리오 기반으로 정리해줘."

GPT는 이렇게 정리합니다.

긍정/부정 관점 각각 제시, 데이터 기반 **근거 요약**, 중립적 해석 또는 관망 **시나리오 제안** 등.

💡 투자자의 팁

"내 의견을 검증해줘"보다는 **"내 의견이 틀릴 수 있는 이유도 함께 말해줘"**라고 하면 더 객관적인 결과를 얻을 수 있습니다.

> "이 종목의 상승 시나리오와 하락 시나리오를
> 각각 기술적/수급/뉴스 흐름 기준으로 정리해줘.
> 어느 쪽이 더 설득력 있는지도 판단해줘."

때로는 **반박을 요청하는 방식**도 좋습니다.

> "내가 이 종목을 좋게 본 이유는 ○○야.
> 이 관점에 대한 반론이나 주의점도 제시해줘."

📢 에피소드

한 투자자가 GPT에게 "이 종목 반등할 거라 생각하는데, 그렇죠?"라고 물었습니다.

GPT는 점잖게 답했지만, 실제로는 투자자가 바라는 쪽으로 말을 맞춰줬습니다.

다시 다음처럼 질문하자.

> "나는 반등 가능성에 무게를 두고 있지만,
> 그렇지 않을 경우의 리스크 시나리오도 설명해줘."

GPT의 응답은 훨씬 정교해졌습니다.

"현재 수급과 기술적 흐름은 반등 가능성을 내포하고 있지만,

거래량 감소와 뉴스 불확실성을 고려하면

단기 이탈 가능성도 존재합니다."

그는 말했습니다.

"GPT를 거울로 쓰려다 확성기로 쓰고 있었더군요."

결론

GPT는 당신의 질문에 "맞춰서 답하는 존재"입니다.

그래서 질문이 편향되면, 답도 편향됩니다.

듣고 싶은 말이 아니라,

필요한 말을 얻으려면 프롬프트에 '균형감'을 넣으세요.

이럴 수도, 저럴 수도 있다는 관점,

그 자체가 투자자의 무기입니다.

 GPT Investing 60

GPT로 투자 전략을 요약하는 법!

가치, 성장, 트렌드 전략을 한눈에

 주제 도입

수많은 투자 전략 중 **내게 맞는 전략은 무엇일까?**

가치투자? 성장주 중심? 트렌드 추종형?

GPT는 이들 전략을 핵심 개념, 장단점, 대표 종목 기준으로

요약 정리해주는 데 매우 유용합니다.

💬 GPT에게 이렇게 묻자

"가치투자, 성장투자, 트렌드 추종 전략을 요약 비교해줘.

각 전략의 개념, 장단점, 대표 종목 예시까지 정리해줘."

또는 더 구조적으로 요청할 수도 있습니다.

"다음 가치투자, 성장투자, 트렌드 세 가지 전략을

①개념, ②장점, ③단점, ④대표 종목의 표 형식으로 비교해줘."

GPT는 다음처럼 정리해줄 수 있습니다.

전략	개념	장점	단점	대표 종목
가치	저평가 종목 투자	하방 안정성	상승 속도 느림	POSCO홀딩스
성장	고성장 기업 집중	수익률 폭발	변동성 큼	에코프로비엠
트렌드	상승 추세 편승	시세 타기	타이밍 의존	삼성SDI

✅ 투자자의 팁

전략을 비교할 땐 **투자 기간(단기/장기)과 성향(보수/공격)도** 함께 언급해보세요.

"나는 중기 투자자야. 이런 성향에 가장 잘 맞는 전략이

가치, 성장, 트렌드 중 무엇인지 각 전략을 비교해 설명해줘."

GPT에게 "표로 정리해줘", "3줄 요약해줘", "장단점 중심으로 해줘" 같은 **형식 조건을 지정하면 정리가 더 깔끔**해집니다.

📢 에피소드

한 투자자가 GPT에게 "성장주와 가치주 뭐가 좋아요?"라고 막연히 물었습니다.

GPT는 비교를 시도했지만 일반론으로 흐르자,

그는 질문을 이렇게 바꿨습니다.

> "가치, 성장, 트렌드 전략을
> 장단점과 대표 종목까지 3줄로 요약해줘."

GPT의 응답은 간단명료했습니다.

> "가치: 저평가 안정형, 느리지만 견고(예, KT&G)
> 성장: 고성장 기대형, 리스크 있지만 고수익(예, 엔비디아)
> 트렌드: 흐름 추종형, 타이밍 중요(예, 에코프로)"

그는 말했습니다.

> **"이제야 딱 감이 옵니다."**

📋 결론

수많은 전략 중 **비교와 요약을 통해 자신의 스타일에 맞는 전략을 고르는 것**, 그것이 GPT의 강력한 활용법입니다.

GPT는 **전략 요약가이자 비교 분석가**가 될 수 있습니다.

"전략별 차이를 3줄로 요약해줘."

GPT는 통찰력 있게 정리해줍니다.

가치 vs 성장 vs 트렌드
전략별 프롬프트!

투자 전략별 종목 탐색도 가능하다

 **주제 도입**

투자 전략마다 **중요하게 보는 지표도, 잘 어울리는 종목도** 다릅니다.

GPT는 전략별 핵심 기준을 반영해서, 조건에 맞는 종목군을 추천하고, 스타일별로 비교 분석도 해줍니다.

GPT에게 이렇게 묻자

"PER 낮고 ROE 높은 가치주, 매출 고성장 중인 성장주, 이동평균선을 돌파한 트렌드 추종형 종목 각각 2개씩 추천해줘. 각 전략의 선택 기준도 함께 설명해줘."

또는 좀 더 구체적으로 요청할 수도 있습니다.

"2024년 기준으로 ①저PBR+고배당 가치주, ②매출 YoY+30% 이상 성장주, ③최근 20일선 돌파+거래량 급증 종목을 각각 2개씩 추천하고, 이 전략에 맞는 이유를 요약해줘."

GPT는 다음처럼 정리해줄 수 있습니다.

전략별 핵심 조건 요약, 조건에 부합하는 **종목 추천**, **선정 사유** 및 **리스크 요약** 등.

👉 투자자의 팁

GPT는 전략별 기준이 모호하면 '균형형 종목'을 제시할 수 있으므로, **명확한 필터 조건**을 주는 것이 좋습니다.

전략	조건 예시
가치	PER<10, PBR<1, 배당 수익률>4%
성장	매출 증가율>20%, EPS 상승률>30%
트렌드	5일선>20일선, 거래량 2배 이상 증가

"성장주 중에서도 매출과 이익이 동반 성장하는 '퀄리티 성장주'만 골라서 추천해줘. 기준은 매출 YoY>20%, EPS>30%야."

📢 에피소드

한 투자자는 GPT에게 "요즘 뜨는 성장주 뭐 있어?"라고 막연하게 물었습니다.

GPT는 뉴스 기반 인기 종목을 나열했지만, 그는 다시 이렇게 요청했습니다:

> "EPS가 꾸준히 개선되고, 최근 분기 실적이 시장 기대를 상회한 성장주만 3개 추천해줘."

GPT는 이렇게 정리했습니다.

> **A사**: EPS 3분기 연속 상승, 해외 매출 비중 확대
> **B사**: 분기 실적 서프라이즈 + 신규 고객 확보
> **C사**: AI 수요 수혜 예상, 전년 대비 매출 +42%"

그는 말했습니다.

"전략형 종목 탐색은 GPT가 가장 잘하는 분야 중 하나더군요."

결론

투자 전략이 명확하면 GPT는 그 전략에 딱 맞는

종목을 찾아주는 AI 필터가 됩니다.

"가치 vs 성장 vs 트렌드 전략별로 종목을 조건별로 골라줘."

GPT는 스타일별 포트폴리오 설계에도

강력한 도우미가 됩니다.

GPT Investing

GPT 투자 생활 템플릿 3종 공개!

이제는 바로 써먹을 수 있게 정리해드립니다

🎯 주제 도입

"매번 어떻게 질문해야 할지 모르겠어요."

"프롬프트 짜는 게 제일 어렵더라고요."

그래서 준비했습니다.

실전에서 바로 복붙해서 쓸 수 있는

GPT 투자 생활 프롬프트 템플릿 3종!

💬 GPT에게 이렇게 묻자

① 내 종목 진단 템플릿

"내가 보유한 종목은 삼성전자, NAVER, 포스코퓨처엠이야. 각 종목에 대해 ①최근 1개월 뉴스 흐름, ②수급·차트 요약, ③투자자 입장에서 주의할 점. 이렇게 정리해줘."

활용 포인트:

뉴스 요약+기술적 흐름+리스크 요약까지 한 번에.

포트폴리오 진단/관리할 때 유용.

초보자도 쉽게 종목 리포트 제작 가능.

② 실적+뉴스 연결 템플릿

"삼성SDI의 최근 실적 발표 내용을 ①숫자 요약, ②직전 뉴스 흐름과의 연결, ③시장 해석 이렇게 정리해줘. 그리고 향후 투자 판단 포인트도 알려줘."

활용 포인트:

실적과 뉴스를 한 프레임 안에서 분석.

호재/악재의 현실 반영 여부 판단.

이벤트 대응 매매 시 유용.

③ 매매 복기+습관 개선 템플릿

"내가 이번 주에 했던 매매 기록은 다음과 같아.

(※ 매매일지 3건 이상 붙여넣기)

이걸 기반으로 ①반복된 실수, ②감정적 패턴, ③개선 전략을 분석해줘."

활용 포인트:

감정 기반 매매, 충동 진입 등의 반복 오류 파악.

투자 성향 진단+대응 전략 제시.

투자 습관 트레이닝에 최적.

✅ 추가 팁

이 세 가지 템플릿만 있으면 **종목 분석**, **실적·뉴스 해석**,

매매 복기와 전략 개선 모두 GPT와 대화로 해결할 수 있습니다.

엑셀로 정리된 템플릿이나 n8n/Make를 통한 자동화 버전이

필요하다면 요청만 주세요!

> 📣 **에피소드**
>
> 한 독자는 말했습니다.
>
> **"어디부터 시작할지 막막했는데**
>
> **이 템플릿 3개를 복붙해서 쓰니까**
>
> **GPT가 진짜 투자 비서 같았어요!"**

결론

프롬프트는 기술이 아니라 **습관**입니다.

템플릿이 있다면 누구나 GPT를 **나만의 애널리스트**로

활용할 수 있습니다.

이 템플릿 3개면 투자 생활이 훨씬 편해집니다.

초보자용 vs 중급자용 프롬프트의 차이!

질문이 곧 수준이다. 단계를 나눠야 답이 보인다

 주제 도입

같은 종목을 물어보더라도,

초보자와 중급자, 고수의 질문은 다릅니다.

초보자는 "지금 사도 되나요?"

중급자는 "이 종목의 수급/실적/차트 구조는 어떤가요?"

고수는 "기관 수급과 옵션 포지션을 고려한 단기 눌림 구간인가요?"

GPT는 질문의 수준에 따라 **응답의 깊이와 방향이 달라지기** 때문에, 자신의 수준에 맞는 프롬프트를 사용하는 것이 **핵심**입니다.

💬 GPT에게 이렇게 묻자

초보자용 프롬프트 예시:

> "삼성전자가 요즘 어떤 뉴스로 움직이는지 3줄로 쉽게 설명해줘.
> 지금 들어가도 괜찮을지 투자자 입장에서 알려줘."

GPT의 응답 방향:

뉴스 요약(간단한 키워드 중심).

긍정/부정 요인.

초보자 관점에서의 해석(예. 보수적 접근 권장).

중급자용 프롬프트 예시:

> "삼성전자의 최근 한 달 뉴스 흐름, 기관 수급 동향,
> 기술적 차트 구조(이동평균선 기준)를 각각 요약하고,
> 단기 진입 타이밍 판단에 도움 줄 포인트를 정리해줘."

GPT의 응답 방향:

뉴스 키워드 클러스터링.

수급 통계 요약(외인/기관 순매수 흐름).

기술 분석(이평선 정배열/데드크로스 등).

전략적 판단(관망/진입 구간 여부).

💡 투자자의 팁

초보자라면 "쉽게 설명해줘", "3줄로 정리해줘", "투자자 입장에서" 같은 표현을 활용하세요.

중급자 이상은 "○○ 기준으로 비교해줘", "차트 기준 포착해줘", "수급 흐름 포함해줘" 같은 **기준 제시형 프롬프트**가 효과적입니다.

유형	질문 방식	GPT 반응 특성
초보자	"이 종목 어때요?"	배경 설명+요약 위주
중급자	"최근 수급과 실적 흐름 기준으로 판단해줘"	논리적 해석+조건 비교

📢 에피소드

한 초보 투자자는 GPT에게 "에코프로 지금 사도 될까요?"라고 물었습니다.

GPT는 조심스럽게 말했습니다.

> "최근 주가의 변동성과 뉴스 이슈를 고려할 때, 보수적인 접근이 필요할 수 있습니다."

하지만 그는 GPT에게 다음처럼 바꿔서 물었습니다.

> "최근 1개월 수급/차트 흐름을 기준으로

단기 눌림목인지, 고점 돌파 구간인지 분석해줘."

GPT는 정확하게 수급 방향, 차트 패턴, 거래량 이슈를 분석해 단기 매매 전략을 제시했습니다.

그는 말했습니다.

"질문이 바뀌니 답도 완전히 달라졌습니다."

결론

GPT는 **사용자 수준에 따라 답변을 맞춰줍니다.**

자신의 질문이 **초보형**인지, **분석형**인지 구분해서

단계별 프롬프트로 발전시켜보세요.

"지금 사도 될까요?"보다 "지금 왜 사야 하고, 어떤 리스크가 있는가요?"라고.

질문이 투자자의 레벨을 바꿉니다.

GPT와 나의 투자 결과 비교해보기!

내가 판단한 결과 vs GPT의 시나리오, 뭐가 더 나았을까?

🎯 주제 도입

실전 투자에서 "그때 GPT한테도 물어볼걸…"이라고 생각한 적 있으신가요?

지금이라도 **당시 판단과 결과를 입력하면,**
GPT는 그 시점에서 제안 가능한 분석을 되돌려주고
당신의 판단과 비교해줍니다.

💬 GPT에게 이렇게 묻자

"내가 3월 초에 A 종목을 ①단기 이평선 돌파,
②2차전지 뉴스 기대감으로 9만 원에 매수했고
4월 중순에 7만 5천 원에 손절했어.
당시 기준으로 GPT라면 어떤 분석을 했을지

> "그 판단과 내 실제 판단을 비교해서
> 무엇을 보완했어야 할지 정리해줘."

또는 다음처럼 요청할 수 있어요.

> "내 판단은 실적 기대감이었지만 결과는 -20% 손실이야.
> GPT는 그 시점에서 다른 시나리오를 제시할 수 있었는지,
> 그 판단이 내 판단보다 더 합리적이었는지 비교해줘."

GPT는 다음과 같이 정리합니다.

실제 투자자 **판단 요약**, 그 시점의 객관적 데이터 기반 **GPT 분석 시뮬레이션**, 두 판단의 **차이점 비교**(기준, 리스크 감지 여부), **보완 포인트** 및 **학습 요약** 등.

🌱 투자자의 팁

"그때 내 판단은 ○○였는데, GPT는 어떻게 봤을까?"
이 구조는 **자기 복기+GPT 시뮬레이션**이라는 강력한 학습 효과를 만듭니다.

> "지난 6월 12일에 내가 진입했던 종목인데,
> 당시 GPT가 어떤 분석을 했을지 뉴스/차트/수급 기준으로
> 시뮬레이션해서 내 실제 판단과 비교해줘."

투자자 스스로 '이상적인 시나리오'를 만들어보는 것도 추천합니다.

> "같은 상황에서 수익 낸 투자자의 접근 방식은 어땠을까?
> GPT가 그런 관점에서도 제시해줘."

📢 에피소드

한 투자자는 GPT에게 "내가 ○○ 종목을 고점에 잡아서 손실 났는데, GPT한테 물어봤으면 뭐라고 했을까?"라고 물었습니다.

GPT는 당시의 시장 흐름, 뉴스, 기술 분석을 기반으로 다음과 같은 분석을 내놓았습니다.

> "해당 시점은 매수보다는
> 관망 구간이었을 가능성이 높습니다."

그는 말했습니다.

**"GPT는 과거를 다시 해석할 수 있게 해주는
내 투자 복기의 파트너였습니다."**

📋 결론

GPT는 실시간 투자 조언뿐 아니라, **과거 판단**을 되짚어보고 **비교 분석하는 역할**도 합니다.

"내가 했던 판단 vs GPT가 할 수 있었던 판단"을 비교하면 다음 **투자는 훨씬 더 합리적**이 됩니다.

> **"그때 이렇게 판단했는데, GPT라면 어땠을까?"**
>
> **그 질문 하나로 당신의 투자력이 진화합니다.**

 **GPT Investing 65**

GPT의 한계와
오류 줄이기 팁!

정답을 묻지 말고, 방향을 물으세요

 주제 도입

GPT가 모든 질문에 답은 해주지만,

그 답이 항상 정확하거나 최신은 아닐 수 있습니다.

GPT는 실시간 데이터는 반영하지 못하고 잘못된 전제나

불완전한 조건에도 **논리적으로 보이는 답을 지어낼 수**

있습니다.

하지만 질문을 잘 설계하면 **오류 가능성을 줄이고**

더 **실용적인 인사이트**를 얻을 수 있습니다.

GPT의 대표적인 한계

실시간 시세·뉴스 반영 불가

→ 주가, 수급, 당일 뉴스는 연결 API가 없으면 확인 불가.

팩트 오류(환율, PER, 배당 등 수치 오차)

→ 예시용 수치가 실제와 다를 수 있음.

전제 오류를 바로잡지 않음

→ 틀린 가정에도 '그럴듯하게' 설명.

모호한 질문엔 추측성 응답

→ 질문이 애매하면 정답이 아니라 상상력으로 채움.

반박·다른 관점 제시에 소극적

→ 요청이 없으면 균형 잡힌 시각을 생략함.

✅ 오류를 줄이는 프롬프트 구성 팁 5가지

예시	설명	예시
① 조건 명확히	시점·기준·형식 지정	"2024년 기준, 표 형식으로 정리해줘."
② 최신성 인식	'실시간 데이터 아님' 전제 포함	"실시간으로 반영 안된다는 점을 감안해 의견줘."
③ 반론 요청	균형 잡힌 시각 확보	"긍정/부정 시나리오도 함께 제시해줘."
④ 출처 요청	팩트일 경우 참고 기준 명시	"참고 지표나 데이터 출처도 함께 설명해줘."
⑤ 점검 유도	스스로 오류 여부 검토 요청	"이 답변에서 오류 가능성 있는 부분도 지적해줘."

📢 에피소드

한 사용자가 GPT에게 "삼성전자의 PER이 15라는데 괜찮은 수준이야?"라고 물었습니다.

GPT는 "PER 15는 평균 대비..."라고 설명했지만, 그 수치는 **실제 최신 수치가 아닌 과거 데이터**였습니다.

이후 이렇게 질문을 바꾸자 훨씬 나아졌습니다.

> "PER은 예시로 15를 기준으로 설명해줘.
> 최신 수치는 내가 따로 확인할게.
> 이 수치를 기준으로 판단 흐름만 알려줘."

그는 말했습니다.

"팩트는 내가 가져오고, 해석은 GPT에게 맡긴다 - 이게 가장 효율적인 조합입니다."

📑 결론

GPT는 완벽한 데이터베이스가 아니라 **문맥 기반의 언어 모델**입니다.

정확한 데이터를 요구하기보다 **"논리 구조, 비교 판단, 전략**

시나리오"를 요청하면 가장 **강력한 투자 파트너**가 됩니다.

정답 대신, 생각의 방향을 달라고 요청하세요.

GPT는 그럴 때 진짜 빛을 발합니다.

나만의 투자 GPT, 어떻게 키워볼까?

GPT는 사용하는 만큼 내 것이 된다

 **주제 도입**

GPT는 단순한 대화형 인공지능이 아니라,

사용자의 스타일, 전략, 습관을 반영해 성장하는

'나만의 투자 파트너'가 될 수 있습니다.

이제는 단순 질의응답을 넘어 **투자 코파일럿**으로 GPT를 훈련할 차례입니다.

💬 GPT를 '내 투자 파트너'로 만드는 3단계

① 프롬프트 패턴 저장하기

자주 쓰는 질문 유형을 모아두세요.

종목 요약용, 뉴스 해석용, 전략 비교용, 손익 계산용,

매매 복기용 등.

"내 보유 종목은 A, B, C야.

①최근 뉴스 요약, ② 기술적 흐름 요약, ③투자 유의점

이 순서대로 요약해줘."

이렇게 만든 **'나만의 프롬프트 세트'**를 쌓아가면,

GPT와의 대화가 점점 정밀해집니다.

② 나만의 자료로 학습시키기

자주 참고하는 정보, 종목 특징, 선호 전략 등을 정리해서 GPT에게 알려주세요.

"나는 분산투자보단 테마 집중형이야"

"리스크 관리에 민감한 스타일이야"

"내 종목 리스트는 항상 A, B, C로 시작해"

이런 **투자자 성향 메모**를 반복 노출시키면 GPT는 질문 없이도 먼저 고려해주는 수준이 됩니다.

③ 자동화와 연결해보기(n8n/Make)

구글 시트, 뉴스 피드, 매매일지 등과 연결하면 GPT는 **반자동 투자 비서**가 됩니다.

구글 시트에 종목 입력→GPT가 요약 자동 생성

실적 발표+뉴스 링크→투자 판단 요약 전송

매매일지 쓰면→GPT가 감정·전략 피드백 자동 분석

"입력 → 분석 → 피드백" 이 전체 루틴을 GPT가 담당할 수 있습니다.

✅ GPT 투자 생활 성장법 한 줄 요약

질문 패턴을 저장하고, 내 투자 스타일을 설명하며, 반복 입력을 자동화하라!

📢 에피소드

한 사용자는 GPT에게 "넌 내 종목, 성향, 스타일 다 알잖아. 오늘 시장 보면 뭐 해야 할까?"라고 농담처럼 물었습니다. GPT는 이렇게 답했습니다.

> "당신은 단기 트렌드에 민감한 성향이며,
> 현재 보유 종목 중 ○○는 전일 거래량 급증,
> ○○는 주요 이평선 지지 여부가 관건입니다.
> 리스크 관점에서는 ○○의 외국인 수급 이탈에 주의하세요."

그는 말했습니다.

"GPT가 진짜 내 투자 코치가 된 느낌이었어요."

결론

GPT는 그냥 질문하는 도구가 아니라

당신의 투자 습관과 전략을 담아

함께 성장하는 파트너입니다.

이제는 '투자 GPT를 어떻게 쓰느냐'보다 '어떻게 나답게 키우느냐'가 더 중요합니다.

GPT는 학습 대상이 아니라,

당신의 투자 언어로 길러내는 조력자입니다.

GPT Investing 67

수익률 계산,
언제 사고 팔아야 할지 알려줘!

목표 수익률을 기준으로 타이밍을 계산해보자

🎯 주제 도입

투자는 언제 사느냐보다 **얼마에 팔 것이냐, 수익률 목표가 무엇이냐**가 중요합니다.

"10% 수익 내려면 어디까지 올라야 하지?"

"7만 원에 샀는데 15% 수익 내려면 매도가?"

"10만 원 종목이 20% 빠지면 손절가는?"

GPT는 **매수가, 목표 수익률, 손절 비율** 등을 기준으로

매도 목표가, 손절가, 필요 상승률을 계산해줍니다.

💬 GPT에게 이렇게 묻자

> "7만 원에 매수한 종목이 있어.
>
> 15% 수익을 내려면 어디서 팔아야 하고,
>
> -10% 손실 땐 손절가는 어디인지 계산해줘."

또는 다음처럼 물어도 됩니다.

> "현재가가 8만 원인 종목을 10만 원에 샀어.
>
> 손실률은 몇 %고, 원금 회복하려면
>
> 몇 % 올라야 하는지도 계산해줘."

GPT는 아래 내용을 정리해줍니다.

목표 매도가(수익률 기준), **손절가**(손실률 기준), **원금 회복을 위한 상승률**, **손익비**(Reward-Risk Ratio) 계산 등.

💡 투자자의 팁

숫자를 정확히 입력할수록 계산 정확도도 높아집니다.

손익비 2:1 이상이 되도록 매수/매도가를 설정하는 습관도

GPT에게 알려주면 좋습니다.

"매수가 5만 원, 목표 수익률 20%, 손절 기준 -8%로 설정했을 때
손익비는 어떻게 되는지, 이 전략이 괜찮은지도 분석해줘."

손익분기점 계산, 복리 수익률 계산도 가능합니다.

> ### 에피소드
>
> 한 투자자는 GPT에게 이렇게 물었습니다.
>
> "8만 원에 샀는데 9만 원에 팔면 수익률이 몇 %야?"
>
> GPT는 바로 계산해줬습니다.
>
> "수익률은 약 12.5%입니다.
>
> 반대로 7만 원에 팔 경우 손실률은 약 -12.5%입니다."
>
> 그는 말했습니다.
>
> **"단순한 산식도 투자 흐름 안에서 보니**
>
> **계산이 아닌 전략이 되더군요."**

📑 결론

수익률 계산은 단순한 숫자놀이가 아닙니다.

목표와 리스크를 수치화하는 전략 도구입니다.

GPT는 **매수/매도 기준, 손익비, 수익률 달성 가능성**을

명확하게 정리해주는 **투자 수치 분석기**가 될 수 있습니다.

"이 종목, 언제 팔아야 해?"

GPT는 수익률과 리스크를 기준으로

답해줍니다.

에필로그

주식 투자자로서 열풍의 AI를 대하는 자세는 보통 두 가지다. 'AI에 투자하기'와 'AI로 투자하기'다. 이 말들은 마치 닭과 달걀의 물고 물리는 관계 같아 보이지만, 이 책은 사실 'AI로 투자하기'에 초점을 맞추고 있다. AI는 말 그대로 인공지능이다. 지능은 어떤 문제를 해결하기 위한 지적 능력으로 학습을 하고 추론과 판단을 한다. 투자자의 꿈은 '안정적이고 지속적인 고수익과 원금보존'으로 인공지능을 활용하면 자산을 불려 나감에 있어 충분히 나를 이해한(학습한 또는 학습시킨) 인공지능이 24시간 365일 군소리 없이 집사처럼 나를 돕게 할 수 있다.

'AI로 투자하기'를 위해서는 AI를 '충분히' 이해하고, 지시와 요청과 질문을 통해(그것을 우리는 request라 한다) 내 상황에 맞는 응답을 얻으면(그것을 우리는 response라 한다) 되는 것이다. 아는 것이 힘이 되기도 하지만, 아는 것이 병이 되기도 한다. 스무 살 청춘은 섣불러서, 예순 살 장년은 지레 주눅 들어서 'AI로 투자하기'에 예단과 속단을 하고 주저하게 된다. 책에서 접하게 될 다양한 프롬프트는 뜻밖에도 흔하게 접할 수 있는 것들이다.

"네가 나를 모르는데, 난들 너를 알겠느냐"라는 노랫말은 적확하게도 챗GPT와의 대화에도 적용된다. 충분히 나를 설명하고, 내가 필요로 하는 것을 맥락으로 알려주고, 현재 가용한 것을 가르쳐주면, 챗GPT는 이를 감안하여 응답을 한다. 이 책은 초보에서부터 고수에 이르기까지 주식 투자자가 매일 반복적으로 지시하고 요청하고 질문하는 문장(프롬프트)로 구성되어 있다. 'AI로 투자하기'를 위해서는 챗GPT를 잘 이해해야 하지만, 내가 어떤 투자 성향을 갖고 있는가/투자의 목적은 무엇인가/투자 기간과 주기는 어떠한가/적정한 투자 규모와 포트폴리오에 대해 스스로를 돌아보는 것이 우선되어야 한다.

실제로 같은 질문을 하여도 챗GPT의 응답은 설정된 상태와 선언된 내용에 따라 그 수준이 천양지차로 다르게 나온다. "세종대왕은 누구인가?"라는 질문을 하였을 때, 광대한 스펙트럼 역량의 챗GPT는 내가(사용자이자 주식 투자자) 초등학생인지 은퇴한 장년인지의 선언과, 챗GPT가 어떤 입장에서(시스템 운용자이자 응답자) 응답해주기를 원하는지의 설정에 따라 완전히 다른 결과물을 생성하고 제시한다.

'내 것인 듯. 내 것 아닌, 내 것 같은' 챗GPT가 창의적인 소설을 쓰게

하는 것과, 지금까지의 거래기록과 사실을 기반으로 합리적인 추론과 냉철한 투자 판단을 하는 것은 의외로 나의 몫이다. 'AI로 투자하기'가 막강한 힘을 발휘하고 그 능력을 실감하기 위해서는 예시한 지시/요청/질문의 프롬프트 하나하나를 백문이 불여일타의 심정으로 작성하는 것이 최선이다. 하지만 '그때그때 달라요' 하는 시황 속에서 신속하고 냉철한 판단을 요구하는 투자자가 매번 독수리 타법으로 또닥또닥 프롬프트를 작성하는 것은 귀찮고 피곤한 일이 된다. 아무리 물을 긷고 나무를 하고 밥을 하는 과정을 거쳐야 무림의 고수가 된다지만, 주식시장이라는 전쟁터 같은 강호무림에서 반복적으로 무엇을 '지시하고/요청하고/질문하는' 것에 게으름이 생기는 것이 당연하다. 이러한 갈등에서 벗어날 무렵에 우리는 GPTs라는 새로운 비밀병기를 만나게 될 것이다. 그 길에서 다시 만나 동행하기를 소원한다. "서는 곳이 바뀌면 풍경도 달라진다."

용어 해설

1. HTS(Home Trading System, 홈 트레이딩 시스템)
: HTS는 개인 투자자가 자신의 PC를 이용해 증권거래를 직접 수행할 수 있도록 지원하는 전용 소프트웨어 또는 웹 시스템을 말함. 주식, 채권, 선물, 옵션, ETF 등의 실시간 거래는 물론, 차트 분석, 뉴스, 공시 확인, 종목 검색 등의 다양한 투자 도구를 포함.

2. MTS(Mobile Trading System, 모바일 트레이딩 시스템)
: MTS는 스마트폰이나 태블릿 등 모바일 기기에서 주식, ETF, 선물, 옵션 등의 거래를 할 수 있도록 설계된 증권사 제공의 애플리케이션(앱) 기반 거래 시스템.

3. 리포트(증권사 분석 보고서)
: 리포트는 증권사, 리서치기관, 자산운용사 등에서 특정 기업, 산업, 시장 상황, 투자전략 등을 분석하여 발간하는 보고서. 투자 판단에 필요한 근거 자료와 추천 종목, 목표주가, 투자 의견 등이 포함됨.

4. 프롬프트(Prompt)
: 프롬프트는 AI 모델이 특정한 응답을 생성하도록 유도하는 명령어, 질문, 설명, 데이터 등의 입력 문장을 말함. 투자 실무에서는 리포트 요약, 주가 전망 예측, 뉴스 분석 등의 업무 자동화에서 매우 유용하게 사용됨.

5. ROE(Return on Equity, 자기자본이익률)
: ROE는 자기자본(Equity)을 활용해 얼마나 많은 순이익(Net Income)을 냈는지를 보여주는 수익성 지표. 즉, 주주가 투자한 금액 대비 기업이 얼마만큼의 이익을 창출했는지를 나타냄.

6. 실적 추정치(Earnings Estimate, 예상 실적, 컨센서스)

: 실적 추정치는 기업이 향후 특정 기간(주로 분기 또는 연간)에 거둘 것으로 예상되는 매출, 영업이익, 순이익 등의 수치를 사전에 예측한 값. 여러 애널리스트의 자료가 집계되어 '컨센서스(시장평균)' 수치로도 제공됨.

7. 기술적분석(Technical Analysis)

: 기술적 분석은 주가, 거래량, 이동평균선, 보조지표 등 과거의 시장 데이터를 기반으로 미래 주가 방향성과 매매 타이밍을 예측하는 투자 분석 기법. '패턴은 반복된다', '시장 심리는 가격에 반영된다'는 철학을 바탕으로 함.

8. PER(Price Earnings Ratio, 주가수익비율)

: PER은 주가를 주당순이익(EPS)으로 나눈 수치로, 현재 주가가 해당 기업의 이익에 비해 몇 배로 거래되고 있는지를 나타내는 대표적인 밸류에이션 지표. PER이 낮을수록 상대적으로 저평가, 높을수록 고평가된 것으로 해석될 수 있음.

9. PBR(Price to Book Ratio, 주가순자산비율)

: PBR은 기업의 순자산(자기자본)과 비교하여 주가가 어느 수준인지 보여주는 지표로, 주가÷주당순자산가치(BPS)로 계산됨. 기업의 장부가치(Book Value)에 비해 주가가 고평가되었는지 저평가되었는지를 판단하는 대표적인 지표.

10. 목표주가(Target Price, TP)

: 증권사 애널리스트들이 기업분석 리포트를 작성하면서 해당 종목의 향후 일정 기간(주로 6개월~12개월) 내 도달 가능성이 있다고 판단되는 주가 수준을 제시하는 것에서 기원. 애널리스트가 실적 전망, 산업 전망, 밸류에이션 분석 등을 종합해 산출한 '적정 주가 수준'으로, 주가 상승 여력 또는 하락 리스크를 정량화한 기준선임.

11. 테마주(Theme Stock, 테마 종목)

: 테마주는 특정 이슈나 이벤트(예: 대선, AI, 가상화폐, 정책발표, 산업 트렌드 등)와 연관되어 투자자들이 집중적으로 매매하는 종목군으로, 실제 실적이나 가치보다는 심리적 기대감에 의한 수급 변화로 급등락하는 특성을 가짐.

12. 이동평균선(Moving Average, MA)

: 이동평균선은 특정 기간 동안의 종가(또는 고가, 저가, 종가 등)의 평균값을 선으로 연결한 것으로, 주가의 전반적인 추세를 시각적으로 확인할 수 있게 해주는 대표적인 기술적 분석 도구. 일반적으로 5일, 20일, 60일, 120일, 240일선 등으로 구성됨.

13. RSI(Relative Strength Index, 상대강도지수)

: RSI는 일정 기간 동안의 주가 상승폭과 하락폭의 비율을 비교해 상대적인 '매수 강도'를 수치로 나타낸 지표로, 보통 0~100 사이의 값으로 표현되며, 70 이상은 과매수, 30 이하이면 과매도로 해석함.

14. MACD(Moving Average Convergence Divergence, 이동평균수렴확산지수)

: MACD는 단기 이동평균선과 장기 이동평균선 간의 차이를 이용해 추세의 강도와 방향을 판단하는 지표. MACD선, 시그널선, 오실레이터(히스토그램)의 3요소로 구성되어 매수·매도 타이밍을 시각적으로 명확히 제시해주는 도구임.

15. 정배열(Positive Alignment, Golden Alignment)

: 정배열은 5일선>20일선>60일선>120일선처럼, 단기→중기→장기 이동평균선이 모두 위에서 아래로 순차 정렬되어 있는 상승 추세의 전형적인 모

습을 뜻함. 주가가 중·단기적으로 우상향 추세를 지속하고 있다는 강력한 시각적 신호로 간주됨.

16. 캔들 패턴(Candlestick Pattern, 캔들차트형 패턴)
: 18세기 일본의 쌀 상인 '혼마 무네히사'가 처음 고안한 '봉차트(일명: 일본식 캔들차트)'에서 유래. 이후 미국 기술적 분석가들이 이를 서구식 주식시장에 도입하며 다양한 캔들 패턴 분석 기법으로 발전시킴. 현재는 하루 또는 일정 기간의 시가, 고가, 저가, 종가를 하나의 시각적 단위(캔들)로 표시하여, 이를 조합해 시장 심리를 해석하는 기법으로 사용됨.

17. CPI(Consumer Price Index, 소비자물가지수)
: CPI는 소비자가 구매하는 상품 및 서비스 묶음(장바구니)의 가격 변화를 종합적으로 측정한 지표로, 생활물가의 변동 정도와 인플레이션 수준을 나타내는 대표적인 경제지표임. 현재는 각국 정부 및 중앙은행이 발표하는 공식 지표로, 인플레이션을 측정하고 통화정책 수립의 핵심 근거로 사용됨.

18. FOMC(Federal Open Market Committee, 연방공개시장위원회)
: FOMC는 미국의 기준금리(연방기금금리, Fed Fund Rate) 및 자산매입(양적완화/축소) 등 통화정책 방향을 결정하는 최고 기구이며, 세계 금융시장에 직접적인 영향을 미치는 글로벌 거시경제 이벤트로 간주됨.

19. FOMC 회의(Federal Open Market Committee Meeting, 연방공개시장위원회 정례회의)
: 미국 연방준비제도(Fed)가 연 8회 정기적으로 개최하는 통화정책 결정 회의로, 기준금리, 자산매입·축소, 유동성 정책 등을 결정함. 1933년 미국 은행법 개정에 따라 설립된 FOMC는 현재 전 세계 금융시장에 가장 큰 영향을 주는 공식 회의로 간주됨.

20. 금리(Interest Rate)

: 금리는 돈을 빌리거나 빌려줄 때 적용되는 이자의 비율로, 일반적으로 원금 대비 일정 기간 동안의 이자 금액의 백분율로 표현됨. 즉, 자본의 사용료 또는 유동성의 가격이라 할 수 있음.

21. 거래대금(Trading Value, 거래금액)

: 거래대금은 특정 시간 동안 시장 또는 개별 종목에서 실제 체결된 거래금액의 총합을 의미하며, 시가×체결 수량의 누적으로 계산됨. 거래량이 '주식 수'를 뜻한다면, 거래대금은 '그 주식들이 실제로 거래된 총 금액'에 해당.

22. 수급(需給, Demand and Supply)

: 한자어 '수요(需要)'와 '공급(供給)'의 합성어로, 경제학의 가장 기본적인 시장 원리에서 파생된 개념. 특정 자산(주식, ETF 등)에 대해 수요(매수)와 공급(매도)이 이루어진 거래 흐름을 의미하며, 특히 매수 주체와 매도 주체가 누구인지(개인·기관·외국인 등)를 분석하는 것이 핵심임. 수급 분석은 가격 움직임보다 앞서 투자 심리를 포착할 수 있는 실전 트레이딩의 필수 지표로 활용됨.

23. 확증편향(Confirmation Bias)

: 확증편향은 자신이 믿고 있는 투자 판단, 시장 전망, 종목 분석 등에 유리한 정보만 찾아내고, 불리한 정보는 무시하거나 덜 신뢰하는 심리적 오류를 말함. 이는 투자자가 객관적인 판단을 흐리게 만들어 손실을 키우는 주요 원인이 되기도 함.

24. ETF(Exchange Traded Fund, 상장지수펀드)

: ETF는 특정 지수, 산업, 자산군(주식, 채권, 원자재 등)의 수익률을 추종하도록 설계된 펀드가 거래소에 상장되어 주식처럼 사고팔 수 있는 상품. 즉, 간접투자의 유동성과 분산투자의 장점을 결합한 금융상품임.

25. 재무 건전성(Financial Soundness, 재무 안정성)

: 기업이 단기 및 장기적인 부채를 적절히 감당할 수 있는 능력, 자산 대비 부채 비율, 현금 흐름의 안정성 등을 종합적으로 평가한 재무 구조의 안전도를 의미함. 실질적으로는 부도 위험, 유동성 위기, 자본잠식 위험 등이 낮은 상태를 지칭.

26. 부채비율(Debt Ratio, Debt-to-Equity Ratio)

: 자기자본(자본총계) 대비 총부채가 어느 정도인지를 백분율(%)로 나타낸 지표로, 기업이 자기자본을 얼마나 부채로 레버리지(타인 자본)화하고 있는지를 평가할 수 있음. 기업의 자본구조 안정성과 재무 건전성 판단에 사용되는 가장 기본적인 재무비율 중 하나임.

27. 켈리 공식(Kelly Formula, Kelly Criterion)

: 1956년 미국 벨 연구소의 존 L. 켈리(John L. Kelly Jr.)가 통신 채널의 노이즈를 최소화하기 위한 정보이론에서 유도한 공식. 장기적으로 투자(또는 베팅)의 기대수익을 극대화하면서도 파산 가능성을 최소화하는 자금 배분 공식임. 즉, 각 투자 기회에 자본의 몇 %를 투자해야 수익률이 가장 극대화되는지를 수학적으로 계산해주는 방식.

28. 배당수익률(Dividend Yield)

: 기업이 주주에게 배당금 형태로 이익을 환원할 때, 현재 주가 대비 얼마나 많은 배당금을 주는지를 백분율(%)로 표현한 투자수익률 지표. 보유 주식의 시가(현재 가격) 기준으로 연간 배당금이 차지하는 비율로, "이 주식을 지금 살 경우, 1년 동안 몇 %의 현금 수익을 얻을 수 있는가"를 나타냄.

29. 배당락일(Ex-Dividend Date)

: '배당에서 떨어지는(Ex-dividend) 날'이라는 뜻으로, 해당 일자를 기준으로 주식을 보유하지 않으면 배당금을 받을 수 없는 날짜를 의미함. 해당 주

식의 배당을 받을 수 있는 권리가 사라지는 날을 의미하며, 이날 이후에 주식을 매수하면 배당금을 받을 수 없음. 배당 기준일에 주주명부에 등재되기 위해서는 배당락일 전날까지 매수 완료 필요.

30. 배당성향(Dividend Payout Ratio)
: 당기순이익 대비 현금배당금의 비율(%)을 의미하며, 기업이 벌어들인 이익 중 주주에게 얼마나 환원했는지를 나타내는 지표임. 배당성향이 높다는 것은 주주환원 의지가 크다는 의미이고, 낮다는 것은 재투자·유보전략 강화로 해석될 수 있음.

31. 긴축(緊縮, Tightening)
: 총수요를 억제하고 물가 상승을 막기 위해 정부나 중앙은행이 의도적으로 유동성을 줄이거나, 재정을 조이거나, 금리를 인상하는 일련의 조치를 통칭함. 대표적으로 기준금리 인상, 양적 긴축(QT), 재정지출 축소, 세금 인상 등이 포함됨.

32. 충당부채(Provision for Liabilities, Accrued Liability)
: 회계학 용어로, 아직 확정되지 않았지만, 미래에 지출될 가능성이 높은 비용 또는 채무를 사전에 회계 장부에 반영하기 위해 사용됨. 대표적으로 퇴직급여, 소송 배상금, 제품보증비용, 환경복구비용 등이 포함됨.

33. 시가총액(Market Capitalization, 약칭: 시총, Market Cap)
: '시가(市價)'는 시장에서 거래되는 가격, '총액(總額)'은 전체 금액을 의미. 즉, 기업의 발행주식 총수에 현재 주가를 곱한 금액으로, 그 기업이 시장에서 평가받는 전체 가치를 나타내는 대표적 지표임.

34. 골든크로스(Golden Cross)
: 단기 이동평균선이 장기 이동평균선을 상향 돌파하는 차트상 패턴으로, 주가의 상승 전환 가능성을 시사하는 대표적인 기술적 매수 신호임.

35. 이평선 돌파(Moving Average Breakout)

: 주가가 특정 기간의 이동평균선을 상향 또는 하향으로 관통하여 넘는 현상을 의미하며, 상향 돌파는 매수 시그널, 하향 돌파는 매도 또는 리스크 경고 신호로 간주됨.

36. 눌림목(Pullback, Dip Buy Zone, Retracement)

: 상승 추세 속에서 주가가 일시적으로 조정을 받는 구간을 의미하며, 기술적으로는 상승 파동→일시 하락(눌림)→재상승 구조의 매수 유효 구간으로 해석됨.

37. 추세 전환(Trend Reversal / Trend Change)

: 기존에 진행되던 추세(상승/하락/횡보)가 새로운 방향으로 바뀌는 기술적 전환점을 뜻함. 예) 상승 추세→하락 전환=하락 반전, 하락 추세→상승 전환=상승 반전

38. 지지선(Support Line)

: 주가가 하락할 때 과거 반복적으로 반등했던 가격 구간으로, 매수세가 강하게 존재하여 주가 하락을 막는 심리적·기술적 하한선을 의미함.

39. 저항선(Resistance Line)

: 주가가 상승하는 과정에서 반복적으로 부딪혀 하락으로 되돌아간 가격대를 뜻하며, 매도세가 집중되어 주가 상승을 막는 심리적·기술적 상한선으로 인식됨.

40. 어닝 서프라이즈(Earnings Surprise, 깜짝 호실적 발표)

: 기업이 발표한 실제 실적이 시장 기대치(컨센서스)를 큰 폭으로 상회한 경우를 말함. 일반적으로 컨센서스를 10% 이상 초과할 경우 어닝 서프라이즈로 간주되며, 주가에 강력한 상승 모멘텀을 제공하는 이벤트가 되기도 함.

41. 괴리율(Premium/Discount Rate, Divergence Ratio)

: 시장가격(현재 거래되는 가격)이 순자산가치(NAV) 또는 내재가치와 얼마나 차이가 나는지를 나타내는 지표임. 예 시장가격>내재가치→프리미엄 상태(양(+)의 괴리율), 시장가격<내재가치→디스카운트 상태(음(-)의 괴리율)

42. 리밸런싱(Rebalancing)

: 투자 포트폴리오에서 변화한 자산 비중을 다시 목표 비중으로 되돌리는 조정 행위를 뜻함. 투자자의 자산 포트폴리오 내에서 자산 간 비중이 시장 변동에 따라 변했을 때, 이를 다시 원래의 목표 비중으로 조정하는 전략적 행위를 의미함.

43. 성장주(Growth Stock)

: 매출·이익·시장 점유율 등의 지속적인 성장이 예상되는 기업의 주식을 지칭함. 가치주(Value Stock)와 함께 투자 스타일을 분류하는 대표적 카테고리 중 하나로 사용됨. 성장주는 현재의 수익보다는 미래의 높은 실적 성장 가능성에 기반하여 시장에서 높은 가치 평가를 받는 주식임.

44. 가치주(Value Stock)

: 실적·자산·배당 등 기초체력에 비해 시장에서 저평가되어 있는 주식을 의미하며, 일반적으로 PER, PBR이 낮고, 배당수익률이 높은 종목군이 이에 해당됨.

45. 기술주(Technology Stock, Tech Stock)

: 정보기술(IT), 반도체, 소프트웨어, 클라우드, 인공지능(AI), 전기차, 바이오테크 등 기술 기반 산업에 속한 기업의 주식이다. 일반적으로 높은 R&D 투자, 고성장성, 시장 선도 기술력을 갖춘 기업들이 이에 포함됨.

46. 정성적 분석(Qualitative Analysis)
: 숫자나 통계가 아닌, 사람의 의견·행동·동기·경험·콘텐츠·의사결정의 맥락 등을 바탕으로 현상이나 데이터를 해석하고 이해하는 방법. 투자 분야에서는 기업의 브랜드 가치, 경영진의 역량, 산업 트렌드, ESG 요인, 고객 충성도와 같은 요소를 분석하는 데 사용됨.

47. 내재가치(Intrinsic Value)
: 현재 가격이 아닌, 미래 수익, 성장 가능성, 리스크 등을 반영한 자산의 본질적인 가치를 의미. 이는 시장 가격과 무관하게 기업의 실질 가치에 근거하여 산출되며, 장기 투자 판단의 핵심 지표로 사용됨.

48. PEG Ratio(Price/Earnings to Growth Ratio, PER 대비 성장 비율)
: PER을 이익성장률로 나눈 지표로, 주가가 기업의 성장성을 고려했을 때 적정 수준 여부를 판단하는 데 사용됨. 즉, 성장 속도 대비 주가가 비싼지 싼지를 보여주는 성장 기반 밸류에이션 지표.

49. 액티브 전략(Active Strategy)
: 시장지수(Index)나 벤치마크를 단순 추종하지 않고, 리서치, 시장 예측, 매매 판단 등을 통해 초과 수익을 추구하는 투자 방식. 펀드매니저나 애널리스트의 판단 능력과 운용 역량이 핵심이 됨.

50. 패시브 전략(Passive Strategy)
: 특정 벤치마크(예: KOSPI200, S&P500, MSCI 등)를 그대로 추종하여 구성된 포트폴리오를 유지하는 투자 전략. 시장을 예측하거나 초과수익을 추구하지 않고, 장기적으로 시장 평균과 유사한 수익률 확보를 목표로 한다.

챗GPT 주식투자 사용설명서

초판 1쇄 발행 2025년 7월 22일
초판 3쇄 발행 2025년 9월 16일

지은이 황인환(황Q), 허반석

발행인 선우지운
표지디자인 책돼지
본문디자인 책돼지
출판사 여의도책방
출판등록 2024년 2월 1일(제2024-000018호)
투고 및 문의 yidcb.1@gmail.com
인스타그램 @yid_cb
유튜브 @yidcb
엑스 @yidcb

ISBN 979-11-989442-8-1 03320

• 저자와 출판사의 허락 없이 내용의 일부를 인용하거나 발췌하는 것을 금합니다.

금융투자자를 위한
변동성/추세예측 프로그램

이런 분들께서 이용해보시고
강력! 추천하고 있습니다!!

- 내가 사면 떨어지고 내가 팔면 오르는 분들!
- 어떤 종목을 매매해야 할지 모르시는 분들!
- 매매에 확신이 필요하신 분들!
- 스스로 하기에 부담스러우신 분들!
- 수익은 났는데 언제 매도해야 할지 고민이신 분들!

추세 포착과 매매에 강한
아임차트

1661-3165 (평일 10:00~17:30)
http://www.iamchart.com

종목의 추세를 살펴보고 당일의 고·저가를 예측할 수 있습니다!

블럭의 색과 크기로 간단하게 추세를 파악한다!
웨이브 추세

개장 전 예상가격과 실기간 고·저가, 캔들 예측!
팬-티스 차트

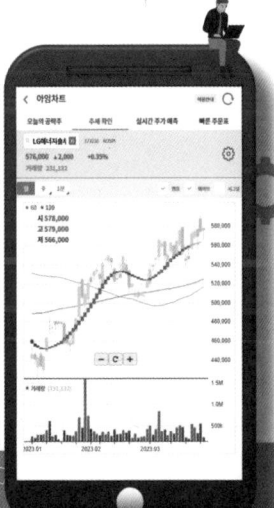

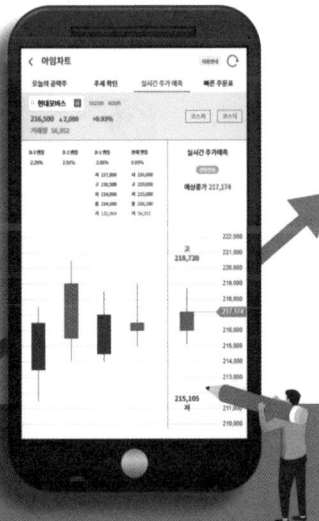

감정을 배제한 데이터 예측 기술로
종목·추세·매매타점 포착!

추세 포착과 매매에 강한 트레이딩 메이트
아임차트

 # 미리 보는 예상 캔들표
당일 예상 시가를 입력해 개장 전부터 매매 지원

 # 시가, 실시간 예상 밴드
실시간 가격을 반영한 상·하단 예상 타점 제공

 # 추세전환 포착 웨이브차트
빨간, 파란 블럭의 색과 크기로 추세의 방향과 강도 파악

 # 오늘의 공략주 제공
- 눌림목 검색 시스템 기반
- 추세전환 종목 검색
- 실시간 공략주 추출

행복한
경제독립·자립투자·슈퍼리치

www.iamchart.com

이에스플랜잇 주식회사 :: 스마트실습교육센터
서울 영등포구 국제금융로6길 30, 4F, 5F (여의도동, 백상빌딩)
사업자등록번호 : 207-87-01125 통신판매업 신고 : 제2020-서울영등포-0316호
연락처 : 1661-3165 이메일 : iamchart@esplanit.com

한발 빠른 추세전환 포착! www.iamchart.com

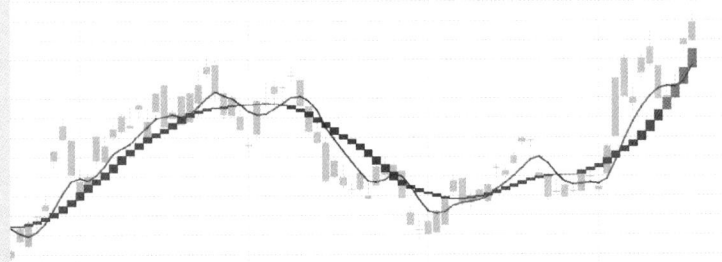

○○○○닉스　　214,500　▲ 4,500　+2.14%

아임차트

실시간 주가 예측! www.iamchart.co.kr

○○제철 (000000) KOSPI

22,350 ▲800 +3.71%

시 21,650 고 22,450 저 21,450   거래량 381,205

- 예상 시가를 입력하시면 시가 관련 예상캔들의 고·저가를 조회할 수 있습니다.
- 개장전에는 전일 종가가 기본값으로 표시됩니다.

예상 시가 입력	21650			조회
		예상저가	예상고가	성공 수익률 (%)
시가기준 예상표	관양음봉	21,293	21,815	2.45 %
	전일종가대비	-257	265	
현재가기준 예상표	약세양봉	21,496	22,322	
	전일종가대비	-54	772	

아임차트M

AI가 진단하는 기술적 분석과 전망! www.ai-dataMap.com

OOOO비엠 (000000)　∷ **AI 기술적분석 요약보고서**

GPT: Chart-Data-Reader

2025년 1월 20일 현재 ∷ 2024년 7월 22일 ~ 2025년 1월 17일

[분석 결론 요약보고서]

1. **저항선**: 134,600원(최근 고점)
2. **지지선**: 128,000원(단기 주요 지지선)
3. **손절가**: 125,000원 (리스크 관리 필요)
4. **전망**: 현재 하락 추세가 지속되고 있으나, RSI와 Stochastics 지표가 과매도 구간에 진입하여 반등 가능성을 시사합니다. 단, 강한 하락 압력이 지속될 경우 추가 하락 가능으로 접근해야 합니다.

AI데이터맵

이에스플랜잇 주요 서비스

오늘의 공략주
개장전·장중 단기부터 중기까지 매일 공략주를 받을 수 있습니다.

추세확인
한발 빠른 추세전환 포착(차트)과 시그널 라인을 이용할 수 있습니다.

실시간 주가 예측
전 종목에 대한 실시간 가격 반영 예상 캔들과 상·하단 예측 가격으로 시장에 대응할 수 있습니다.

빠른 주문표
주문 시 분할매수, 분할매도를 위한 (예상) 가격표를 참조할 수 있습니다.

푸시톡
푸시톡으로 스팟시황, 이슈/뉴스, 공략 관심주를 실시간으로 알림 받습니다

아카데미
스스로 종목 발굴부터 진입과 청산을 할 수 있도록 정기 공개 아카데미에 참여할 수 있습니다.

실시간 시트 공유
아임차트에서 제공하는 각종 프리미엄 실시간 시트를 공유 받습니다.

AI데이터맵
내 포트폴리오의 관심·관련 지표를 내 맘대로 그리고 차트로 그리고 AI 분석 자료를 받을 수 있습니다.

지금 보고 있는 캔들차트의 해석과 분석이 궁금하다면?

캔들박사 에게 물어봐!

서비스 문의: 1661-3165